비판적 사고와 문답식 수업

비판적 사고와 문답식 수업

박상준 著

한국학술정보[주]

머리말

　민주사회는 다양한 개인이나 집단 사이에 많은 문제들이 발생하기 때문에, 사회문제에 대해 민주적인 대화와 토론을 통해 합리적으로 해결하는 과정에서 상대방의 주장이나 행위 또는 정부의 정책과 제도에 대해 비판적으로 평가할 수 있는 시민의 자질을 요구한다. 그리고 정보사회는 전 세계적인 통신망을 통해 대량의 정보와 지식이 생산·유통되고 있기 때문에, 수많은 정보와 지식 중에서 우리에게 필요한 것이 무엇인지를 판단하고, 보편적인 근거에 기초하여 그것의 진실성과 타당성을 객관적으로 평가할 수 있는 시민의 자질을 요구한다. 그래서 현대사회는 단순히 사실이나 지식의 전수보다는 비판적 사고력을 신장시키는 것을 교육의 목표로 강조하고 있다.

　그럼에도 불구하고 학자들마다 비판적 사고의 개념을 너무 다양하게 정의함으로써, 비판적 사고에 대한 연구뿐만 아니라 교육에도 많은 혼란을 초래하였다. 이런 혼란을 해소하기 위해서는 비판적 사고의 핵심적 특징을 고려하여 새롭게 정의할 필요가 있다. 필자는 여러 학자들의 견해를 종합하여 비판적 사고를 "객관적인 근거에 의거하여 자신이나 타인의 진술, 관념, 정보, 지식, 사태, 행위, 정책, 제도 등의 신뢰성, 진실성, 적합성 등을 분석하고 평가하는 사고 기능과 사고 성향이다"라고 규정하고자 한다.

　또한 기존의 많은 학자들은 비판적 사고를 주로 기능적 측면에서 진술이나 주장에 대해 논리적으로 평가하는 사고 기능으로 파악했다. 하지만 비판적 사고력은 인지적 측면의 사고 기능과 정의적 측면의 사고 성향으로 구성되고 두 요소가 함께 결합하여 작동한다. 비판적 사고 성향이 함께 습득되지 않으면, 비판적 사고 기능도 제대로 발휘되기 어렵다.

비판적 사고는 단지 어떤 진술의 일관성이나 논리적 오류만을 분석하는 것이 아니라 사실적 차원, 논리적 차원, 이념적 차원에서 다양하게 이루어진다. 필자는 구조적 측면에서 비판적 사고의 개념, 사고의 차원, 사고 기능과 사고 성향을 연관시켜 비판적 사고의 구조를 밝혀내고자 한다.

이런 논의에 기초해볼 때, 비판적 사고력의 교육은 비판적 사고의 3가지 차원을 고려하여 사고 기능과 사고 성향을 함께 훈련시켜야할 것이다. 학교현장에서 교사가 사전에 교육내용을 많이 연구하고 자료를 준비하지 않고도 손쉽게 비판적 사고력을 신장시킬 수 있는 교수방법이 문답식 수업이다. 교사가 열린 마음으로 학습내용과 관련하여 비판적 사고력을 신장시키기 위한 질문들을 만들면 수업시간에 쉽게 활용할 수 있다. 다양한 수준과 형태의 질문과 대답은 비판적 사고력을 신장시키는데 매우 효과적이다.

학교현장에서 비판적 사고력을 신장시키는 교육을 실시하기 위해서는 먼저 교사가 비판적 사고력에 대해 충분히 이해하고, 비판적 사고력을 가르치기 위한 교수법을 배우는 것이 필요할 것이다. 그래서 필자는 먼저 비판적 사고력의 개념과 특징, 구성요소, 3가지 차원 등에 대하여 이론적으로 검토하고, 그런 논의에 기초하여 비판적 사고력을 신장시키기 위한 문답식 수업에 대하여 제시하고자 한다.

2006년 8월
전주에서 박상준

차 례

제1장
비판적 사고력의 필요성

제1장 비판적 사고력의 필요성

근대 공교육은 산업사회에서 필요로 하는 시민의 자질을 기르기 위해 시작되었다. 전통적인 지식을 잘 기억하고 사회 규범에 그대로 따르는 사람이 훌륭한 시민으로 간주되었다. 그래서 공교육은 전통적으로 기존의 사회질서를 유지하는데 중요하다고 여겨지는 지식과 규범을 전달하는데 초점을 맞추어왔다.

하지만 오늘날 우리는 그런 전통적인 지식과 규범의 전수가 별로 쓸모없는 시대에 살고 있다. 정보사회 또는 지식사회에서는 매년 수십만 권의 책이 출판되고, 인터넷에 수많은 정보와 지식이 제공되고 누구나 자유롭게 접근해서 활용할 수 있다. 정보사회는 정보·통신 기술과 통신망을 통해 대량의 정보와 지식이 빠르게 생산·유통되고 자유롭게 이용할 수 있는 사회이기 때문에, 많은 정보와 지식을 비판적으로 평가하고 문제를 해결할 수 있는 시민의 능력을 필요로 한다. 그런데 전통적인 교육은 정보사회 또는 지식사회에서 요구되는 비판적 사고력을 기르는 데 한계가 있다.

산업사회는 산업혁명을 통해 공업제품의 생산, 분배, 소비가 중심이 되었다면, 정보사회는 정보·통신 혁명[1]을 통해 정보와 지식의

---

1) 슈왓츠스타인(S. J. D. Schwatzstein)은 정보혁명(information revolution)

생산, 분배, 소비가 중심이 되고, 그것이 사회적 삶의 모든 영역을 주도해 간다. 이제 토지, 자본, 노동과 더불어 정보 또는 지식이 중요한 생산요소로 등장하였고, 경제활동뿐만 아니라 사회의 모든 영역에서 정보와 지식의 비중이 점차 증대되어 가고 있다.

정보사회에서는 정보·통신 기술을 통해 모든 사회활동이 정보와 지식을 토대로 이루어지기 때문에, 대량의 정보 또는 지식이 신속하게 공급, 처리, 전달되고, 대부분의 고용이 정보와 지식의 생산, 처리, 분배와 관련된 정보(지식)산업에 집중된다. 또한 전 세계가 인터넷을 통해 하나의 네트워크로 연결되고 있으며, 그런 네트워크를 통해 엄청난 정보가 빠른 속도로 생산, 유통, 전달, 처리되고 있다.

정보사회의 새로운 환경과 삶의 양식에 적응하고, 여러 가지 문제들을 합리적으로 해결하기 위해서 정보사회는 산업사회와 다른 새로운 시민의 자질을 요구하고 있다. 정보사회에서는 전 세계적인 통신망을 통해 엄청나게 많은 양의 정보가 생산, 유통되고 있기 때문에, 각 개인은 수많은 정보들 중에서 자신에게 필요한 정보가 무엇인지, 그 정보가 사실인지, 객관적인 입장에서 생산된 정보인지 등에 대해서 스스로 판단하고 선택해야 한다. 대량으로 생산되고 유통되는 정보와 지식이 모두 신뢰할 수 있는 진리는 아니고, 우리에게 모두 필요한 것은 아니다. 우리는 수많은 정보와 지식 중에서 우리에게 필요한 것이 무엇인지를 결정하고, 객관적인 근거에 기초

을 생산, 배분, 사용, 재생산 과정의 대변혁이라고 규정했다. 정보혁명은 정보통신기술의 발달-특히, 컴퓨터와 네트워크 기술로 과거에 비해 정보를 생산하는 방법이 용이해지고, 정보를 취득하는 시간이 단축되고, 정보의 사용방법에 변화가 발생하고, 가용한 정보의 양이 기하급수적으로 증가하는 것이다(차대운, 2003: 21, 인용).

하여 그것의 진실성과 타당성 등을 공정하게 평가하여 활용할 수 있는 비판적 사고력을 갖추어야 한다.

비판적 사고력이 부족하면, 잘못된 정보를 진리로 받아들여 문제를 일으키거나 불필요한 정보의 늪에 빠져 어려움을 겪게 된다. 예컨대 몇 년 전 텔레비전 광고의 무분별한 수용으로 인해 어느 초등학교에서 가구가 아닌 것을 선택하라는 시험문제에서 많은 학생들이 '침대'를 표시한 적이 있다. 또한 2003년 4월 초 우리나라 방송사와 신문들이 CNN의 인터넷 뉴스를 검증 없이 그대로 인용하여 빌게이츠 회장이 암살됐다는 소식을 긴급뉴스로 보도했지만, 그것은 CNN 인터넷 뉴스를 가장한 허위 사이트로 밝혀졌다. 지난 몇 년 동안 언론들이 사실 확인과 검증 없이 황우석 교수의 주장을 일방적으로 받아들여 영웅으로 보도하였고 사람들은 그런 보도내용을 무비판적으로 받아들여 추종하였다. 그러나 2006년 초반 황 교수팀의 논문조작과 연구비 횡령이 밝혀지면서 커다란 파문을 일으키고 우리나라 지식인과 학계의 도덕성에 큰 상처를 안겨 주었다.

이처럼 정보사회에서는 수많은 정보와 지식, 사태와 현상, 주장과 행위, 정책과 제도 등에 대해 비판적으로 분석하고 평가하는 사고력이 요구되고 있다. 인터넷과 통신매체, 언론을 통해 수없이 쏟아지는 정보와 지식, 주장에 대하여 비판적으로 평가하지 못하면 그리고 정부가 실시하는 정책과 제도에 대해 비판적으로 판단하지 못하면, 잘못된 정보와 지식의 활용으로 인해 많은 문제가 발생하고, 잘못된 정책으로 큰 피해를 입게 되고 많은 예산을 낭비하게 될 것이다.

그리고 다원화된 민주사회는 다양한 개인이나 집단 사이에 수많

14

은 문제들이 발생하기 때문에, 사회문제에 대해 객관적으로 분석하고 합리적으로 판단하여 문제를 해결하는 시민의 자질을 필요로 한다. 민주사회는 기본적으로 사회문제에 대해 자신의 견해를 자유롭게 표현하고, 공론의 장에서 다른 사람들과 합리적으로 토론하고, 상대방의 주장이나 행위 및 정부의 정책과 제도에 대해 비판하고 견제하며, 사회문제의 해결책을 합리적으로 결정할 수 있는 시민의 자질, 즉 시민성(citizenship)을 요구한다. 한마디로 민주사회는 사회문제 또는 공공 정책에 대해 비판적으로 사고할 수 있는 시민의 자질을 요구하고 있다. 이런 시민성을 기르는 것이 사회과교육의 궁극적인 목표라고 할 수 있다.[2]

이런 이유에서 1980년대 이후 비판적 사고(critical thinking)에 대한 연구가 활발하게 진행되고, 비판적 사고력이 교육의 목표로 강조되기 시작했다. 그러면서 비판적 사고력은 교육의 핵심 목표로 인식되었다. 하지만 비판적 사고력을 가르치기 위한 구체적인 교육과정이나 교수방법이 보급되지는 못했다.

마찬가지로 사회과에서도 고차원적 사고력(higher-level thinking)의 하나로서 비판적 사고력이 주요 목표로 강조되었다(Woolever & Scott, 1988: 286-295, 노경주, 1994: 271-294, 차경수, 1997:

---

2) 사회과교육은 민주적 시민성을 육성하려는 교과교육이고, 사회과의 본질적인 목적이 시민성의 육성이라는 점에 대부분 동의한다(Woolever & Scott, 1988: 11, 33, 박상준, 2005: 15-16, 37-40). 그런데 사회과에서 길러야 할 훌륭한 시민성이 무엇인가에 대해서는 학자들마다 의견과 해석이 다르다. 넬슨과 미카엘리스는 시민성에 대한 다양한 견해와 관점들을 크게 (1) 국가에의 충성, (2) 모범적 행동, (3) 꼬마 사회과학자, (4) 사회 비판, (5) 사회 재건, (6) 사회 실천 등 6가지로 분류하였다(Nelson & Michaelis, 1980: 9-10).

196-202, 김재형, 1997: 434, 구정화, 2001: 182-186, 이광성, 1997: 11-23, 2005: 288). 그러나 비판적 사고력의 교육은 사회과 안에서 특정한 주제나 문제와 관련하여 가르치기보다는 주로 논리학 과목에서 사회생활과 괴리된 논리적 사고와 원리를 중심으로 가르쳐져 왔다. 사회과에서 비판적 사고력을 주요 목표로 제시하기는 했지만, 그것을 발달시키기 위한 교육내용이나 교수방법을 구체적으로 제공하지 않았다.

특히 우리나라 사회과 교육과정에서는 비판적 사고가 주요 목표로서 강조되지도 않았고, 그에 따라 비판적 사고력을 향상시키기 위한 교육내용과 프로그램이 거의 제공되지 않았다. 제7차 사회과 교육과정에서 규정한 민주시민의 자질을 살펴보면, 사회과는 주로 사회과학적 지식과 탐구능력, 합리적 문제해결능력을 중시하였지만 비판적 사고력에 대해서는 거의 제시하지 않았다(교육부, 1997: 28-30). 그 결과 초등학교 사회과는 비판적 사고력을 신장시키기 위한 교육내용과 수업방안을 제공하지 않았고, 실제의 사회과 수업에서 비판적 사고력은 거의 가르쳐지지 않았다.

그러나 앞에서 언급했듯이 정보사회의 요구와 민주사회의 발전을 위해서는 초등학교에서부터 비판적 사고력을 가르칠 필요가 있다. 그래서 이 책에서 필자는 비판적 사고력을 신장시키기 위한 문답식 수업과 질문법에 대하여 살펴보고자 한다. 비판적 사고력을 가르치기 위해서는 그것의 개념, 특징, 구성요소 등에 관해 충분히 이해하는 것이 필요하기 때문에, 먼저 비판적 사고력의 구조에 대해 이론적으로 고찰할 것이다.

생각할 문제

1. 북한의 공식 명칭은 '조선민주주의인민공화국'이고, 1970년대 박정희 대통령은 '한국식 민주주의'를 실시하겠다고 주장했다. 이런 사실을 고려하여 다른 정치형태(polity)와 구별되는 민주주의의 본질적 특성이 무엇인가를 분석해보라.

2. 개인의 자유와 권리를 보장받기 위해서는 시민의 노력도 필요하다. 민주사회가 발전하기 위해 시민에게 요구되는 자질 중에 가장 중요한 것이 무엇인가를 논리적으로 제시해보라.

3. 20세기 후반 정보·통신혁명을 통해 정보사회가 발전하고 있다. 정보사회가 우리 삶의 양식에 어떤 변화를 가져올 것인가에 대해 낙관론적 관점과 비관론적 관점에서 각각 설명해보라.

4. 정보사회는 정보·통신 기술과 통신망을 통해 대량의 정보와 지식이 빠르게 생산·유통되는 사회이다. 정보사회에서 요구되는 시민의 자질 중에 가장 중요한 것이 무엇인가를 논리적으로 제시해보라.

제2장
비판적 사고력의 구조

제2장 비판적 사고력의 구조

많은 학자들이 주로 기능적 측면에서 비판적 사고력을 파악하고, 하위기능의 목록을 제시하는 데 주력해왔다. 그러나 비판적 사고력은 단순히 사고 기능만으로 이루어진 것이 아니라 항상 비판적으로 평가하려는 성향이 동시에 갖추어져야 제대로 작동될 수 있다. 또한 비판적 사고력은 단순히 사실적 차원에서 어떤 주장이나 진술의 사실 여부를 판단하는 것만이 아니라 다양한 차원에서 주장이나 진술의 논리적 일관성과 타당성을 판단하거나 그 뒤에 놓여있는 관점이나 이념을 평가하는 측면도 포함하고 있다.

이 장에서 필자는 비판적 사고를 제대로 파악하기 위해서 단순한 사고 기능의 측면이 아니라 비판적 사고의 개념, 사고의 차원, 사고 기능과 사고 성향을 통합하여 구조적으로 이해해야 한다는 점을 보여주고자 한다. 즉, 필자는 '비판적 사고의 구조'를 밝혀내고자 한다.

1. 비판적 사고의 개념

최근 많은 교육전문가들이 비판적 사고는 바람직한 인간의 특성이고 따라서 학교에서 가르쳐야 한다는 점에 동의하고 있다(McPeck, 1981: 1). 하지만 비판적 사고가 무엇인가에 대해서 학자들마다 서로 다른 견해를 제시하고 있다.[3] 이처럼 학자들마다 비판적 사고의 개념을 서로 다르게 정의하고 비판적 사고의 특징과 구성요소에 대해 다양한 견해를 제시함으로써, 비판적 사고력의 교육에도 많은 혼란을 초래하였다. 이런 혼란을 해결하기 위해서 필자는 비판적 사고에 대한 주요 학자들의 견해를 비판적으로 검토하면서 비판적 사고의 개념을 새롭게 정의하고, 구조적 측면에서 비판적 사고의 구성요소와 3가지 차원에 대하여 살펴볼 것이다.

1) Ennis의 개념 정의

에니스(R. H. Ennis)는 비판적 사고에 대한 연구의 개척자이고

---

[3] 비판적 사고는 일상생활뿐만 아니라 학계에서도 다양한 의미로 사용되고 있다. 하지만 비판적 사고가 사용되는 맥락을 고려하면, 비판적 사고의 의미를 몇 가지로 정리할 수 있다(Handerson, 1972: 45-46). 첫째로 일반인이 사용하는 의미로서 비판적 사고는 어떤 것의 오류를 찾아내거나 사회통념에 대해 회의적이고 비평을 잘하는 태도를 의미한다. 둘째로 교육학자들이 사용하는 의미로서 비판적 사고는 주로 문제 해결력을 나타낸다. 셋째로, 다른 교육학자들이 사용하는 의미로서 비판적 사고는 논리적 원리를 적용하는 사고 기능을 가리킨다.

주도적 역할을 해 온 학자로 평가받는다. 그는 1962년 '비판적 사고의 개념'이란 논문에서 비판적 사고를 체계적으로 정의하고자 했다. 이 논문은 크게 3부분으로 구성되어 있다. 첫째는 비판적 사고의 개념을 진술에 대한 올바른 평가로 정의하는 부분이고, 둘째는 진술의 평가에서 작동하는 12가지 관점 또는 기능의 목록을 제시하는 부분이고, 셋째는 비판적 사고의 3가지 차원-논리적, 표준적, 실용적 차원-을 제시하는 부분이다.

이 논문에서 에니스가 처음으로 독창적인 개념을 제시했다기보다는 스미스(B. Smith)의 개념을 조금 수정하여 비판적 사고를 정의한 것이다. 스미스는 비판적 사고를 "어떤 진술의 의미를 밝히고 그 수용여부를 결정할 때 작동하는 사고이다"라고 규정했다(Ennis, 1962: 83). 그런데 진술에 대한 판단과 수용여부의 결정이 올바른 것이어야 하기 때문에, 에니스는 '올바른'이란 표현을 추가하여 비판적 사고를 '진술에 대한 올바른 평가'라고 정의하였다(Ennis, 1962: 83-85). 하지만 그는 자신의 견해를 정당화하기 위한 근거를 제시하지 않았고, 비판적 사고의 개념을 다루기 쉽게 만들기 위해 평가의 대상에서 가치와 관련된 진술의 평가를 제외시켜 버렸다.

이 개념 정의는 단순하고 명료하다는 장점이 있어서, 많은 학자들에 의해 비판적 사고의 핵심을 지적한 것으로 간주되어 널리 받아들여졌다. 그러나 다른 한편으로 에니스는 비판적 사고를 '진술'에 대한 평가로 한정했다는 비판을 많이 받았다. 비판적 사고는 언어적 형태의 진술 이외에 비언어적 형태의 행위와 사태 등과 관련하여 작동할 수 있다는 것이다. 또한 에니스는 비판적 사고의 대상인 진술에서 가치 관련 진술을 제외시켰는데, 이것은 비판적 사고의 대상을 상당히 제한하는 결과를 초래하고 자신이 제시했던 비판적 사고의 실용적 차원과도 모순된다는 비판을 받았다.

그래서 1980년대 후반 에니스는 비판적 사고란 "무엇을 믿고 무엇을 행해야 하는가를 결정하는데 초점을 맞춘 합리적이고 반성적인 사고"라고 수정했다(Ennis, 1987: 10). 또한 그는 비판적 사고가 사고 기능만이 아니라 사고 성향으로 구성되어 있다고 지적하면서, 비판적 사고가가 갖추어야 할 성향을 12가지로 제시했다(Ennis, 1996: 9). 비판적 사고가의 성향은 크게 (1) 자신의 신념과 결정의 정당화에 대해 관심 갖기, (2) 입장을 정직하게 표현하기, (3) 모든 인간의 존엄성과 가치에 대해 관심 갖기로 구성되고 각각은 3~4가지 성향이나 태도로 세분화된다.[4] 사람들이 이러한 성향을 갖추지 못하면, 유능한 비판적 사고 기능을 제대로 발휘하기 어렵다는 것이다.

에니스는 비판적 사고의 개념을 체계적으로 정의했고, 비판적 사고는 사고 기능과 사고 성향으로 구성되어 있다는 점을 드러내는데 기여했다. 하지만 그는 비판적 사고의 개념을 후기에 수정하기는 했지만, 여전히 평가의 대상을 언어적 자료에 한정함으로써 그 이외의 사태, 현상, 신념, 행위, 정책, 제도 등에 대해 비판적으로 평가하는 것을 배제시켰다. 또한 그는 비판적 사고가 구체적인 문제 영역 또는 지식과 관련하여 작동하는 사고이기 때문에 보편적인 사고 기능이 아니라는 사실을 간과하였다.

---

4) 에니스가 제시한 12가지 비판적 사고의 기능과 성향의 목록에 대해서는 '2장 3절의 비판적 사고의 구성요소'를 참조.

2) McPeck의 개념 정의

맥펙(J. E. McPeck)은 비판적 사고에 대해 많은 학자들이 서로 다른 견해를 제시하고 있다고 지적하면서, 비판적 사고의 개념을 명료화하고 교육과정과의 관계를 밝혀내고자 시도했다. 맥펙은 먼저 비판적 사고가 아닌 것을 배제시키면서 비판적 사고를 명료화하고자 했다.

맥펙에 따르면, 비판적 사고에서 중요한 것은 "사고는 항상 어떤 것에 대하여 생각하는 것이다"는 사실이다(McPeck, 1981: 5-6). 아무 것도 없는 것에 대해 생각하는 것은 개념적으로 불가능하고, 일반적인 모든 것에 대하여 생각하는 것은 모순이다. 이러한 사고의 속성을 고려할 때, 비판적 사고도 항상 어떤 것(X)에 대하여 비판적으로 생각하는 것이다. 비판적 사고의 가장 현저한 특징은 주어진 진술, 규범, 행위양식 등에 대해 회의를 품거나 아직 승인하지 않는 것을 의미한다. 어떤 사람이 반성적 회의를 품고 어떤 것에 관여하는 기능과 성향을 갖고 있다면, X에 대하여 비판적 사고가라고 할 수 있다(McPeck, 1981: 10, 12).

이런 논의를 종합하여 맥펙은 비판적 사고의 핵심적 의미를 "반성적 회의를 가지고 어떤 활동에 관여하는 기능과 성향이다"라고 정의했다. 더 구체적으로 표현하면, "어떤 정신적 노력을 필요로 하는 문제 또는 활동을 X라고 하고, 관련된 분야 또는 문제영역으로부터 입수할 수 있는 증거를 E라고 하고, X내의 어떤 명제 또는 활동을 P로 나타내자. 그러면 어떤 학생이 E 또는 E의 부분집합이 진리 또는 P의 존재 가능성을 입증하는 데 충분하지 못하다는 식으로 X에 접근하려는 성향과 기능을 가지고 있으면, 그가 X라는 분야에 비판적 사고가라고 말할 수 있다'(McPeck, 1981: 14-15).

이런 개념 정의에 기초하여 맥펙은 비판적 사고가 단지 평가의 내용과 무관하게 작동되는 일반적인 사고 기능(논리적 사고 기능)이 아니라 평가의 내용과 관련된 사고 기능이라고 강조했다(McPeck, 1981: 22, 32-33). 사고는 항상 특정한 것(X)에 대하여 생각하는 것이고, X는 일반적인 모든 것이 될 수 없고 특정한 것이어야 한다는 것은 개념적으로 진리이다. 따라서 특정한 분야 또는 문제들과 관계없이 추상적으로 비판적 사고를 가르치려는 시도는 무의미하다. 비판적 사고라는 보편적인 사고 기능은 없고 그것을 가르칠 수 있는 교육과정도 없기 때문에, 비판적 사고는 특정한 교과목의 일부로서 가르쳐야 하고 교과목과 관계없이 비판적 사고를 일반적으로 가르치려는 시도는 헛수고이다.

그의 주장에 따르면, 비판적 사고는 철학이나 논리학에서 사회현상이나 사회문제와 관계없이 가르칠 수 있는 것이 아니라 특정한 교과목에서 특정한 문제와 관련하여 가르칠 수 있다(McPeck, 1981: 23-33). 비판적 사고가 특정한 사회현상이나 사회문제에 대하여 반성적 회의를 적절하게 활용하는 사고활동이라면, 사회현상과 사회문제를 직접 다루는 사회과에서 비판적 사고력을 가르치는 것이 적합할 것이다.

맥펙은 비판적 사고의 영역을 진술에 대한 평가에 한정하지 않고 인간의 정신적 노력을 필요로 하는 문제와 활동으로 확대하였고, 비판적 사고를 사고 기능과 사고 성향의 결합체로 규정했다는데 의의가 있다. 하지만 맥펙도 비판적 사고의 대상을 타인의 문제와 활동으로 한정하는 경향이 있고, 자신의 문제와 활동에 대한 반성과 평가를 간과하였다.

3) Lipman의 개념 정의

립맨(M. Lipman)은 사고를 '다차원적 사고'(multi-dimensional thinking)로 파악하면서, 학교교육에서 가르쳐야 할 사고의 차원을 비판적 사고, 창의적 사고, 배려적 사고로 제시하였다(Lipman, 2003: 257-263,294). 3가지 차원의 사고들은 서로 동등한 것이고 서로 중복되는 부분을 갖는다. 다차원적 사고 중에서 비판적 사고는 인지 발달에 크게 기여하는 요소를 갖고 있지만, 창의적 사고와 배려적 사고에 의해 보완되어야 한다.

립맨이 3가지 차원의 사고를 제시했지만, 오늘날 학교교육에서는 비판적 사고를 기르는 것이 중요하다고 주장했다. 왜냐하면 학교에서 배운 사고와 일상생활에 필요한 사고가 다르고, 지식을 무비판적으로 받아들이는 것이 매우 위험하기 때문이다. 그래서 립맨은 비판적 사고에 대한 학자들의 다양한 견해들을 종합적으로 검토하면서 비판적 사고를 다른 관점에서 정의하고자 했다. 립맨은 비판적 사고를 "판단을 이끌어내는 사고로서 기준에 의존하고 자기 수정을 하고 맥락에 민감한 사고"라고 정의했다(Lipman, 2003: 93,275). 즉, 비판적 사고는 객관적인 기준에 의존하여 내리는 좋은 판단이고, 자기반성을 통해 자기 생각을 수정하는 것을 포함하고, 사고의 맥락과 환경을 고려하는 것을 포함한다(2003: 272-288).

다시 말하면 비판적 사고는 몇 가지 특징을 갖는다. 첫째로 비판적 사고는 객관적 기준에 의존하는 판단이다. 객관적 기준은 판단의 과정에 적용되는 일반적인 원리 또는 신뢰할 만한 근거이고, 좋은 판단이란 객관적인 기준에 의거한 판단을 의미한다. 둘째로, 비판적 사고는 대상에 관한 정밀한 탐구를 포함하는 사고이다. 이 과정에서 탐구의 중요한 특징은 대상을 정밀하게 조사함으로써 발견된 결함을 수정하는 것이다. 셋째로, 비판적 사고는 판단의 과정에서 예외적 상황, 특정한 제한, 근거의 빈약성, 일반화 가능성 같은 판단의 맥락을 민감하게 고려해야 한다. 이렇게 판단의 다양한 맥락을 민감하게 고려할 때 우리는 올바른 판단을 내릴 수 있다.

이와 같이 비판적 사고는 자기 수정, 맥락에의 민감성, 기준, 판단이라는 4개의 교각으로 만든 다리와 같다. 비판적 사고가 이루어지는 추론행위들은 이런 4가지 측면들과 관련하여 확인될 수 있다. 립맨에 따르면, 교사가 비판적 사고를 제대로 가르치고 있는가 또는 학생들이 비판적 사고를 제대로 수행하고 있는가를 판단하기 위한 기준들은 다음과 같다(Lipman, 2003: 288-291):

(1) 자기 수정과 관련된 행동들
- 다른 사람의 생각에서 잘못된 점을 찾아낸다.
- 자기 생각의 잘못된 점을 인정한다.
- 텍스트의 애매한 표현들을 정확하게 표현한다.
- 모호한 표현들을 명확하게 한다.
- 이유와 기준이 없을 때 그것들을 요구한다.
- 당연시되는 것의 문제점을 생각해본다.
- 토론에서 비일관성을 찾아낸다.

- 텍스트에서 잘못된 가정이나 부당한 추론을 지적한다.
- 형식적 추론이나 비형식적 추론에서의 오류를 찾아낸다.
- 탐구절차가 제대로 적용되는지를 묻는다.

(2) 맥락에의 민감성과 관련된 행동들

- 문화적 차이들에서 생기는 의미의 사소한 차이를 구별한다.
- 개인적 관점이나 시각적 차이들에서 생기는 의미의 사소한 차이를 구별한다.
- 언어의 차이, 훈련의 차이, 준거틀의 차이에서 생기는 차이를 안다.
- 텍스트에 대해 성실하고 진실되게 해석한다.
- 정확히 번역하려고 애쓴다.
- 명확한 의미가 문맥에 따라 어떻게 조정되는지를 발견한다.
- 강조의 차이에 따른 의미의 차이에 주목한다.
- 말하는 사람의 의도나 목적에 따라 의미가 달라지는 것을 안다.
- 현재 상황과 그와 유사한 과거 상황 사이의 차이에 주목한다.
- 유사해 보이지만 결과는 다른 두 맥락의 차이를 탐색한다.

(3) 기준으로 제시되는 예들

- 이상, 목적, 목표와 같이 함께 공유한 가치들
- 규범, 규제, 선례와 같은 관행들
- 공유된 속성, 특징과 같은 비교의 상식적인 토대들
- 지침, 세부규정, 세부사항, 계약조건, 한계 같은 의무들
- 관점, 준거틀, 관심의 범위를 포함하는 시각들
- 가정, 전제, 이론적 또는 개념적 관계를 포함하는 원리들
- 법률, 준칙, 규정, 규범, 법령, 지시들을 포함하는 규칙들
- 표준: 기준을 만족시키는 데 필요한 정도를 결정하기 위한 기준들

- 정의: 정의된 단어와 같은 의미를 가진 기준들의 집합물
- 사실: 보증된 주장으로 표현되어진 것들
- 시험: 경험적인 발견을 이끌어내기 위한 조사나 조정

(4) 판단과 관련된 행동들
- 심사숙고한 결론
- 재판 또는 배심원의 판결
- 관리자, 책임자, 부모, 교사 등이 내리는 결정
- 확정: 심사과정의 결정적인 결과
- 실제적이거나 이론적인 문제의 해결
- 분류 혹은 범주화
- 행위, 서비스, 대상물, 생산물 등에 대한 평가
- 구별: 부정적 술어의 형태로
- 연결: 긍정적 술어의 형태로
- 심사숙고되고 의도된 만들기, 말하기, 행하기

앞에서 간략히 살펴본 것처럼, 립맨은 비판적 사고에 판단 맥락의 고려를 포함시켰고 비판적 사고의 특징을 잘 지적하였지만, 비판적 사고를 주로 사고 기능의 한 측면에서 파악하는 한계를 지녔다. 그리고 립맨은 비판적 사고의 교육은 독립된 교육과정으로 추가되어야 하고, 독립된 교육과정을 만드는 최선의 방법은 철학과정을 개설하는 것이라고 주장함으로써(Lipman, 2003: 295), 비판적 사고가 지닌 특수성을 간과하였다. 즉, 비판적 사고는 구체적인 문제 또는 지식에 대하여 작동하는 사고이기 때문에, 특정한 문제와 지식과 관계없이 일반적으로 비판적 사고를 가르칠 수 없다는 사실을 파악하지 못했다. 비판적 사고는 사회생활과 동떨어진 철학에서

추상적으로 가르칠 수 있는 것이 아니라 특정한 교과목에서 구체적인 문제와 관련하여 가르칠 수 있다.

4) Beyer의 개념 정의

에니스, 맥펙, 립맨은 교육철학의 일반적 관점에서 비판적 사고에 대해 연구했다면, 베이어(B. Beyer)는 사회과교육의 측면에서 비판적 사고의 교육에 대해 연구하였다. 에니스와 맥펙은 비판적 사고를 주로 명제나 활동을 평가하는 사고로 규정했는데, 베이어는 분석과 평가가 결합된 복합적 사고로 파악했다.

많은 학자들이 비판적 사고의 개념을 다양하게 정의함으로써 혼란을 초래했기 때문에, 미국사회과교육협회(NCSS)는 혼란스러운 개념을 정리하려고 시도했다. 하지만 베이어가 볼 때, 그 협회는 비판적 사고와 고차원적 사고력을 명확히 구별하지 못했다. 이런 비판의식에서 베이어는 여러 학자들의 논의를 종합하여 비판적 사고를 새로 정의하고자 했다. 그는 먼저 비판적 사고가 아닌 것을 구별해내고 그 다음 비판적 사고를 정의했다. 많은 사람들이 비판적 사고를 블룸(B. S. Bloom)의 교육목표 분류학에서 고차적인 단계의 사고로 인식하거나 탐구력 또는 문제해결력으로 오해하였다고 지적하면서, 베이어는 비판적 사고를 "진술, 논증, 경험에 대하여 평가하고 오류를 찾아내는 사고"로 정의하였다(Beyer, 1985: 270-271). 그에 의하면, 우리가 어떤 진술, 논증, 경험 등에 대해 비판적으로 사고할 때, 그것들을 분석하고 평가하는 사고과정은 복합적으로 이루어진다. 비판적 사고의 고유한 특징은 주의 깊고 정확하며, 객관적으로 분석하고, 타당성을 판단하는 것이다.

베이어는 비판적 사고와 관련된 여러 학자들의 주장들에서 공통된 요소를 찾아보면, (1) 사고의 절차, (2) 기준, (3) 규칙 등 3가지 본질적인 속성을 찾을 수 있다고 보았다(Beyer, 1985: 271). 그에 의하면, '사고의 절차'는 비판적 사고가 작동되는 과정에서 경험하게 되는 일련의 순서와 관련되고, '기준'은 에니스가 말한 사고의 차원에 해당되고, '규칙'은 진술, 논증, 경험 등을 평가하기 위해 적용되는 기능이다.

그가 제시한 비판적 사고의 절차, 기준, 규칙을 정리하면 다음과 같다(Beyer, 1988: 57):

(1) 사고의 절차
- 분석 목표를 진술하기
- 찾는 단서를 확인하기
- 단서들이 위치한 행이나 항목의 자료를 찾기
- 단서 간의 패턴을 찾아내기
- 단서와 패턴의 비판적 사고 기능에 적합한 이상적 표준과 조화시키기
- 조사 자료가 이상적 표준과 조화되는 정도를 결정하기

(2) 기준: 비판적 사고 기능이 작동하는 절차들에 부과되는 표준

(3) 규칙: 비판적 사고가 평가하려는 것에 대해 증거를 제공하는 단서와 비판적 사고 기능을 구성하는 과정에 대한 규칙을 의미한다. 이런 규칙은 비판적 사고가 어떻게 작동해야 하는가를 안내하는 역할을 한다.

베이어는 이런 규칙으로서의 비판적 사고 기능을 10가지로 제시했다.5)

베이어는 에니스보다 비판적 사고의 영역을 더 확대시켰지만, 여전히 분석과 평가의 대상을 진술이나 논증 같은 언어적 자료에 한정함으로써 비판적 평가의 대상에 인간의 다양한 사고와 활동 및 그 산물들을 배제시켰다. 베이어는 에니스의 개념 정의-진술에 대한 올바른 평가-에서 '진술'에 '논증, 경험'을 더 추가했고, '올바른 평가'를 '평가하고 오류를 찾아내는 것'으로 세분화시켰을 뿐이다. 또한 그는 비판적 사고가 분석능력과 평가능력의 복합체라는 점을 드러냈지만 여전히 비판적 사고를 사고 기능의 한 측면에서 파악하였다.

5) 미국철학회(APA)의 개념 정의

학자들마다 비판적 사고의 개념을 매우 다양하게 정의함으로써, 비판적 사고에 대한 연구뿐만 아니라 비판적 사고력의 교육에 혼란을 초래하였다. 이런 혼란을 해소하기 위해 미국철학회(APA)는 비판적 사고에 관한 전문가들의 의견을 조사하여 델파이 보고서를 만들었다. 이 보고서에서 정의된 비판적 사고의 개념은 R. H. Ennis, B. K. Beyer, R. Parker, R. W. Paul, M. Lipman, S. P. Norris 등 권위 있는 학자들이 참여하여 합의한 것이다.

---

5) 베이어가 제시한 10가지 비판적 사고 기능의 목록에 대해서는 '2장 3절 비판적 사고의 구성요소'를 참조하라.

이렇게 만들어진 델파이 보고서는 비판적 사고를 "해석·분석·평가·추론을 산출하려는 의도적이고 자기 규제적인 판단이고, 그 판단에 대한 근거가 제대로 되어 있는지 또한 증거·개념·방법론·기준·맥락의 측면들을 제대로 고려하고 있는지에 대한 설명을 산출하려는 의도적이고 자기 규제적인 판단이다'고 정의했다(APA, 1990: 1-5).

다시 말하면, 비판적 사고는 의도적이고 자기 규제적인 판단이고, 이런 판단을 하기 위해서 해석, 분석, 평가, 추론이 필요하고, 판단의 근거로서 관련된 증거, 개념, 기준, 맥락 등을 충분히 고려하는 사고의 과정을 포함한다.

이렇게 비판적 사고를 잘 수행하는 사람, 즉 비판적 사고가(critical thinker)는 다음과 같은 특징을 갖는다(APA, 1990: 3). "이상적인 비판적 사고가는 습관적으로 이유를 캐묻고, 정확히 알고자 시도하고, 근거를 중요시하고, 평가에 있어서 열린 마음을 갖고, 유연성 있게 생각하고, 공정하고, 개인적 편견을 다루는데 있어서 정직하고, 판단을 내리는데 있어서 신중하며 기꺼이 재고하고, 복잡한 문제들을 다루는데 있어서 체계적이고, 관련된 정보를 열심히 찾고, 기준을 선택하는데 있어서 합리적이고 집중적으로 탐구하고, 주제와 탐구의 상황이 허락하는 한 정확한 결론을 얻고자 끊임없이 추구한다. 그래서 훌륭한 비판적 사고가를 교육시킨다는 것은 이런 이상을 획득하도록 노력하는 것을 의미한다. 다시 말하면, 비판적 사고가의 교육은 비판적 사고 기능을 획득시키는 것과 동시에 이성적이고 민주적인 사회의 토대를 이루는 성향을 함께 육성하는 것이다."

이 보고서는 많은 학자들의 의견을 수렴하여 비판적 사고의 개념을 정의하였고, 판단의 대상을 타인뿐만 아니라 자신에게도 적용했다는 점에 의의가 있다. 하지만 이 보고서는 비판적 사고의 교육이 실제의 사회생활과 동떨어진 철학이나 논리학이 아니라 구체적인 사회문제나 주제와 관련된 특정 교과에서 가르쳐야 효과적이라는 점을 간과하였다.

6) 한국 학자의 개념 정의

앞에서 간략히 살펴보았듯이, 외국에서는 1960년대 이후 비판적 사고에 대한 연구가 활발하게 진행되었지만, 우리나라의 경우에는 비판적 사고에 대한 이론적 연구뿐만 아니라 적용방안에 대한 논의가 매우 빈약했다. 성일제 외(1989), 허경철 외(1991), 김영채(1998) 등이 비판적 사고에 대한 개념과 적용 아이디어를 제공하는 연구를 수행하였지만,[6] 기존의 이론과 관점을 답습하는 수준에 머물렀다(노경주, 2002: 56). 더구나 민주사회에서 요구되는 시민성의

---

6) 성일제 등은 여러 학자들의 견해를 요약하여 비판적 사고를 "건전한 회의주의로서 정확성, 타당성, 가치 등을 판단하기 위해 어떤 주장, 신념, 정보의 출처를 정밀하고 지속적으로, 객적으로 분석하는 사고"라고 정의했다(성일제 외, 1989: 78-79). 허경철 등은 사고력 신장을 위한 프로그램을 개발하면서 비판적 사고를 "주어진 기준을 사용하여 어떤 대상에 관한 진술이나 주장, 논의 및 추론, 행위 절차 등을 평가하는 일련의 지적 과정 또는 가치 판단 과정이다"라고 정의했다(허경철 외, 1991). 그리고 김영채는 Moore & Parker의 정의를 따르면서 비판적 사고를 "주장의 타당성, 중요성, 신뢰성을 평가하고, 그 결과를 기초로 주장의 수용 여부를 결정하는데 관여하는 사고"라고 규정하였다(김영채, 1998: 173).

하나로 비판적 사고력을 제시했던 사회과에서도 비판적 사고력을 신장시키기 위한 교수방법에 대한 연구는 별로 이루어지지 않았다.

이런 상황에서 한면희는 여러 학자들의 개념을 검토한 후에 비판적 사고를 "주어진 기준을 사용하여 어떤 대상에 관한 진술이나 주장, 논의 및 추론, 행위 절차 등을 평가하는 일련의 지적 과정 또는 가치 판단 과정"이라고 규정했다(한면희, 2000: 41). 이 개념 정의는 맥펙이 규정했던 반성적 회의와 논리적 과정을 바탕으로 하고, 비판적 사고를 특정한 대상에 대한 만족스러운 해결책을 찾으려는 노력의 과정으로 이해했다. 그래서 비판적 사고는 특정한 분야의 지식 및 기능과 관련되어 있다는 것이다.

그리고 김명숙은 미국 철학회(APA)의 견해를 검토한 후에, 그것을 조금 수정하여 비판적 사고의 목적, 대상, 행위, 판단 근거의 4가지 차원을 고려하여 정의하였다. 그녀는 비판적 사고를 "어떤 견해를 받아들일지 또는 어떤 행위를 할 것인지 결정하기 위해서 텍스트(언어적 표현과 행위)에 대하여 그 논리적 구조와 의미를 파악하고 개념·증거·준거·방법·맥락 등을 고려하여 최선의 판단을 내리고자 하는 사고'라고 규정하였다(김명숙, 2002: 113-114).

이 개념 정의에 따르면, 비판적 사고의 목적은 무엇을 믿고 무엇을 행할 것인가를 결정하는 것이고, 대상은 인식, 경험, 상황, 정보, 판단, 신념, 의견을 기술하는 진술 또는 표현 등 언어적 표현과 행위라는 것을 표시해준다. 그리고 비판적 사고의 핵심적 행위는 판단이고, 그 판단의 근거로 증거, 개념, 방법, 준거, 맥락을 고려하는 것이다.

김명숙은 비판적 사고의 대상에 언어적 표현뿐만 아니라 행위를 포함시켰고, 비판적 사고가 근거, 기준, 맥락 등을 고려한 최선의 판단이라는 사실을 잘 지적했다. 하지만 그녀는 비판적 사고의 개념을 "어떤 행위를 할 것인지 결정하기 위해서 텍스트에 대하여 최선의 판단을 내리고자 하는 사고"로 규정함으로써 합리적 의사결정과 비판적 사고를 혼동하였다. 물론 합리적 의사결정의 과정에서 문제와 관련된 사실문제나 가치문제를 탐구하고 대안을 검토할 때 비판적 사고가 작동될 수 있다. 그렇지만 합리적 의사결정과 비판적 사고 자체는 구별되어야 할 것이다.

다른 한편 노경주는 R. H. Ennis, R. W. Paul, J. E. McPeck, H. Siegel, M. Lipman의 비판적 사고 개념을 비판적으로 검토하면서 비판적 사고에 대한 인식을 전환해야 한다고 주장하였다. 노경주는 비판적 사고와 관련된 철학적 쟁점들을 논의하면서,[7] 기존의 학자들이 비판적 사고를 합리성과 추론능력으로 파악하여 이성과 무관한 영역을 무시했다고 지적했다. 이런 한계를 극복하기 위해서 비판적 사고는 합리성과 보살핌을 조화시키는 인격을 갖출 때 가능하고, 객관적 관점과 함께 주관적 관점을 동시에 고려해야 하고, 보편적 원칙뿐만 아니라 사고가 일어나는 구체적 맥락을 동시에 고려하는 것으로 이해되어야 한다는 것이다(노경주, 2002: 62-68).

---

7) 노경주는 비판적 사고와 관련된 철학적 문제 4가지에 대해 논의하였다. 첫째는 기존의 이론가들이 비판적 사고와 다른 고등사고의 관계를 규명하는 데 미흡했다는 것이다. 둘째는 실증주의적 패러다임에 기초하여 합리성과 추론능력에 초점을 맞추어 비판적 사고를 논의함으로써 사고의 정의적 측면을 간과했다는 것이다. 셋째는 비판적 사고에 있어서 객관적인 요소만을 강조하고 주관적인 요소를 간과했다는 점이다. 넷째는 비판적 사고의 보편성을 강조하면서 사고를 사회문화적 맥락과 분리시켜 이해하는 문제점을 지녔다는 것이다(노경주, 2002: 62-68).

이러한 논의에 기초하여 노경주는 비판적 사고를 "분석적 정확성과 논리적 합리성을 중심으로 사고의 과정에서 작용하는 기능"으로 규정하였다(노경주, 2002: 63, 68). 그는 비판적 사고의 핵심적 특성을 잘 드러냈고, 그와 관련된 철학적 쟁점을 명쾌하게 정리하는 데 기여했다. 하지만 그는 비판적 사고를 정확성과 합리성이 작동하는 '사고 기능'으로 한정하였다.

7) 필자의 개념 정의

지금까지 비판적 사고에 관한 여러 학자들의 다양한 견해들을 간략히 살펴보았다. 학자들마다 서로 다른 입장에서 비판적 사고를 너무 광범위하고 다양하게 규정함으로써, 결국 비판적 사고의 연구뿐만 아니라 교육에도 많은 혼란을 가져왔다. 이런 혼란을 극복하고 비판적 사고를 효과적으로 교육하기 위해서는 다른 고차원적 사고력과 구별하고 비판적 사고의 핵심적 특징을 반영할 수 있는 개념 정의가 필요하다.

이런 이유에서 필자는 여러 학자들이 제시한 견해에서 공통된 핵심적 특징을 추출하여 비판적 사고를 다음과 같이 정의하고자 한다(박상준, 2006: 126-127):

"객관적이고 합당한 근거에 의거하여 자신이나 타인의 진술, 신념, 정보, 지식, 사태, 현상, 행위, 정책, 제도 등의 신뢰성, 진실성, 적합성 등을 합리적으로 분석하고 평가하는 사고 기능과 사고 성향이다"

필자의 개념 정의는 무엇보다도 비판적 사고의 본질을 잘 드러내고 비판적 사고력의 교육원리를 암시해줄 수 있다. 비판적 사고의 가장 두드러진 특징은 어떤 것을 당연한 것으로 받아들이지 않고, 우선 그것의 타당성에 의문을 제기하고 객관적인 근거에 의거해 평가하는 것이다. 여기서 의문제기와 평가는 어떤 진술, 지식, 행동, 정책 등의 오류를 찾아내어 폐기하기 위한 것이 아니라 그것의 신뢰성·진실성·적합성 등을 검증하여 확실히 승인하기 위해서 이루어진다. 이러한 의문제기와 평가는 객관적이고 합당한 근거에 기초하고 있어야 한다는 점에서 단순한 의심이나 비난·비방과는 구별된다.[8]

비판적 사고는 기본적인 사고능력을 확장하는 복합적인 사고이기 때문에, 종종 창의적 사고력, 탐구력, 의사결정력 같은 다른 고차원적 사고력과 혼동되어 왔다. 하지만 필자의 개념은 다른 고차원적 사고력과 구별하여 비판적 사고의 핵심이 '객관적인 근거에 의한 합리적 평가'라는 점을 명확하게 드러낸다. 이런 점에서 H. Siegel은 비판적으로 사고하는 사람은 근거에 의해 적절하게 행동하는 사람이라고 보았다(Siegel, 1988: 32).

둘째, 필자의 개념은 비판적 사고의 대상에 언어적 자료뿐만 아

---

8) 비난은 타인의 잘못이나 결함 따위를 트집 잡아서 나쁘게 말하는 것이고, 비방은 사실적인 근거 없이 타인을 비웃고 헐뜯어 말하는 것이다. 비난과 비방의 공통점은 자신이 아니라 타인의 잘못이나 결함-심지어 타인의 인격과 삶의 방식 자체-를 찾아 깎아내리려는 의도에서 행해지는 것이고, 객관적이고 합당한 근거가 아니라 주관적인 이유에 의거하여 헐뜯는 것이다. 반면에 비판은 오류를 찾아 개선하려는 의도에서 행해지고, 객관적인 근거에 의거하여 합리적으로 평가하는 사고활동이다. 이런 점에서 비판은 비난이나 비방과 구별되어야 한다.

니라 인간의 신념, 가치, 행위, 사태, 현상, 정책, 제도 등 비언어적인 자료를 모두 포함시킨다. 한마디로 비판적 사고의 대상은 인간의 사고와 행동 및 그 산물들 전체를 포함한다.

셋째, 필자의 개념은 비판적 사고가 단지 외부의 대상이나 타인뿐만 아니라 자기 자신의 사고와 행동 및 그 산물들을 반성적으로 평가하는 과정이라는 점을 분명하게 제시한다. 비판적 사고가 타인의 잘못을 찾아내어 비난하기 위한 것이 아니라 객관적인 근거에 의거해 검증하기 위한 것이라면, 평가의 대상에는 마땅히 외부의 대상뿐만 아니라 자기 자신을 포함시켜야 한다. 오히려 외부대상이나 타인에 대한 평가가 타당한 것으로 인정받기 위해서는 먼저 자기 자신을 반성하고 검증하는 작업을 해야 한다.

넷째, 필자의 개념은 비판적 사고가 사고 기능뿐만 아니라 사고 성향을 포함한다는 점을 강조한다. 우리의 사고와 행동 및 그 산물들에 대하여 항상 비판적으로 분석하고 평가하려는 태도와 경향성이 형성되지 않는다면, 비판적 사고 기능이 지속적으로 발휘되기 어렵다. 그러한 비판적 사고 성향이 습득되지 않으면, 교실수업에서 학습되고 작동되던 비판적 사고 기능이 일상생활의 다른 상황에서 지속적으로 작동되는 것을 보장할 수 없다.

2. 비판적 사고의 특징

앞에서 간략히 살펴본 것처럼, 여러 학자들이 서로 다른 관점에서 비판적 사고에 대하여 다양하게 정의했다. 학자들마다 조금씩 다르게 정의했지만, 여러 학자들의 견해에서 공통된 요소를 찾아보면 비판적 사고는 객관적 기준과 논리적 분석에 기초한 합리적 평가 또는 판단의 과정과 활동이라고 할 수 있다. 한마디로 말하면, 비판적 사고란 "객관적 근거에 의해 합리적으로 분석하고 평가하는 기능과 성향"이다. 그러면 비판적 사고력은 다른 고차원적 사고력과 달리 구체적으로 어떤 특징을 갖고 있는가?

맥펙은 비판적 사고를 특정한 문제와 관련하여 반성적 회의에 참여하는 기능과 성향으로 규정하면서, 비판적 사고의 특징들을 다음과 같이 제시했다(McPeck, 1981: 22-23, 인용):

(1) 특정한 분야 또는 문제 영역들과 별도로 추상적으로 비판적 사고를 가르치려는 것은 무의미하다. 어떤 형태의 사고든지, 사고는 항상 'X에 관한 사고'이다.

(2) 비판적 사고라는 용어는 동일한 의미를 지니고 있지만, 그것의 정확한 적용기준은 분야마다 다르다.

(3) 인정된 기준을 받아들이지 않거나 그것들로부터 벗어났기 때문에, 비판적 사고가 반드시 불일치를 의미하는 것은 아니다.

(4) 반성적 회의는 비판적 사고 개념의 본질을 나타내고 있지만, 더 완전한 설명은 E(증거)와 P(명제 또는 행위)가 진리를 입증하는 데 충분하지 못하다는 식으로 어떤 것(X)에 접근하려는 성향 또는 기능이다.

> (5) 비판적 사고는 진술에 대한 평가뿐만 아니라 어떤 활동들 속에서 문제해결과 적극적 참여를 포함하는 사고과정을 의미한다.
>
> (6) 논리학의 연구는 비판적 사고를 위해 충분하지 않다.
>
> (7) 비판적 사고가 지식과 기능을 포함하는 한, X라는 분야에 있어서 비판적 사고가는 Y라는 분야에 있어서 비판적 사고가가 되지 못 할 수 있다.
>
> (8) 비판적 사고는 어떤 과업과 성취를 나타내는 말이지, 성공을 의미하지 않는다.
>
> (9) 진술에 대한 평가 이외에 비판적 사고의 예로서 방법, 책략, 기교의 사용 또는 거절을 들 수 있다.
>
> (10) 비판적 사고는 합리성과 동일한 의미를 가지고 있는 것이 아니라 그것의 한 차원이다.

요약하면, 맥펙은 비판적 사고가 증거에 의거하여 명제 또는 행위의 진리 여부에 대해 입증하려고 하는 사고 기능과 성향의 복합체라고 규정하고, 비판적 사고의 본질적 특징을 '반성적 회의'라고 보았다. 또한 그는 추상적인 논리학이 아니라 특정한 분야 또는 문제와 관련된 교과에서 비판적 사고를 가르쳐야 한다고 주장했다.

다른 한편 립맨은 많은 학자들이 제시한 비판적 사고의 개념들을 검토하면서 비판적 사고의 주요한 특징들을 다음과 같이 정리하였다(Lipman, 2003: 86-88, 요약):[9]

---

9) 립맨은 여러 학자들의 견해를 조사하여 비판적 사고의 특징 31 가지를 제시했다. 그러나 이 책에서는 비판적 사고의 핵심적 특징에서 벗어났거나 다른 고차원적 사고력과 구별되지 않는 특징들을 제외시키고, 중요한 특징들만 요약해 정리하였다.

(1) 진술에 대한 올바른 평가 / 무엇을 믿고 무엇을 행해야 하는 가를 결정하는 데 초점을 맞춘 합리적이고 반성적인 사고(Ennis)

(2) 어떤 것이 적절하지 못하다고 생각될 때 머리 속에 떠오르는 사고 / 반성적 회의를 갖고 어떤 활동에 관여하는 기능과 성향(McPeck)

(3) 근거에 의해 적합하게 움직여진 사고(Siegel)

(4) 편견, 선입관, 고정관념 등을 극복하는 데 목표를 두는 사고 / 자기기만이나 타인에 의한 기만으로부터 우리를 보호하는 데 목표를 두고 있는 사고(Paul)

(5) 모든 인간의 말해지고 만들어지고 행해진 행위에 대한 평가적 사고 / 실천에 대한 반성적 평가(Lipman)

(6) 적합한 증거와 논증에 기초하여 정직하게 평가된 대안을 통해 판단에 도달하려는 사고(Hatcher)

이와 같이 여러 학자들이 서로 다른 입장에서 비판적 사고력의 특징을 다양하게 제시하였다. 이 책에서 여러 학자들의 견해를 종합하여 비판적 사고의 중요한 특징들을 정리해보면, 다음과 같이 제시될 수 있을 것이다:

(1) 평가의 대상에 언어적 자료뿐만 아니라 비언어적 자료를 모두 포함하는 사고 과정

(2) 대상을 당연한 것으로 판단하지 않고 의문을 제기하는 것, 즉 반성적 회의를 제기하는 것

(3) 대상에서 오류 - 비일관성, 비합리성, 부적합성, 비현실성 등 - 를 찾아내는 활동

(4) 더 완전한 것을 실현하기 위해 오류를 개선해가는 과정

(5) 대상을 객관적 기준에 의거해 논리적으로 분석하고 합리적으로 평가하는 활동

3. 비판적 사고의 구성요소: 사고 기능＋사고 성향

기존의 학자들은 비판적 사고를 주로 '기능적 측면'에서 언어적 자료를 평가하는 '사고 기능'으로 파악하였고, 학생들에게 '논리적 사고방식과 원리'를 가르쳐주면 자연적으로 비판적 사고력도 향상될 것이라고 가정했다. 그래서 비판적 사고력의 교육에서 사회생활과 동떨어진 논리학의 원리와 사고 기능을 가르쳤다. 그 결과 학생들의 논리적 사고력은 향상되었을지 모르지만, 진정한 의미에서 비판적 사고력이 발달하지는 않았다.

비판적 사고력을 신장시키기 위한 방법으로 논리학을 가르치는 것은 학생들이 실제 일상생활에서 직면하는 문제 또는 대상을 객관적인 근거에 의거해 합리적으로 평가하는 것을 도와주는데 별로 도움이 안 된다. 논리학은 제시된 가설이나 해결책의 부적합성이나 비일관성 등을 판단하는데 도움이 될 수 있지만, 문제의 실질적인 해결책을 제시해 줄 수 없다. 실제의 사회생활에서 괴리된 논리학은 어떤 문제를 결정하고 해결책을 찾는데 별로 도움이 되지 못한다. 또한 많은 철학자와 교육학자들이 논리적 사고의 '전이 가능성'을 가정했지만, 실제로 일반적인 수준의 논리적 사고는 구체적인 대상에 대한 비판적 사고로 전이되지 않는 경우가 많다(McPeck, 1981: 27-31).

최근 많은 경험적 연구들이 보여주듯이, 일반적 수준의 사고가 구체적인 영역의 문제해결이나 실천으로 전이될 확률은 매우 작다. 교육심리학자들은 한 교과내용이 다른 교과로 또는 현실 세계로 전이된다고 믿었지만, 최근 인지심리학자들의 연구는 그런 전이가 어렵다는 사실을 보여주고 있다. 어떤 연구에서는 서로 유사한 영역으로 보이는 '단어'의 기억과 '숫자'의 기억 사이에 상관관계가 없는 것으로, 다른 연구에서는 '철자쓰기'의 정확성과 '계산'의 정확성이 서로 관계가 없는 것으로 나타났다(Anderson, 1995: 302-303).

그리고 많은 학자들이 비판적 사고력을 사고 기능의 한 측면에서 규정함으로써 비판적 사고력의 다른 측면을 파악하지 못했다. 비판적 사고력은 어떤 대상에 대하여 객관적인 근거에 의거해 합리적으로 평가하는 '사고 기능'과 어떤 대상에 대해 항상 비판적으로 평가하려는 '사고 성향'으로 구성되어 있다. 이처럼 비판적 사고력은 사고 기능과 사고 성향이 유기적으로 통합되어 있는데, 여기서는 논의의 편의상 구분하여 살펴보겠다.

1) 비판적 사고 기능

비판적 사고는 추상적인 사고활동이기 때문에, 다른 고차원적 사고력과 혼동될 수 있다. 따라서 고차원적 사고력과 달리 비판적 사고가 구체적으로 작동하는 방식을 나타내는 하위기능을 보다 세분화시킬 필요가 있다.

비판적 사고의 개척자인 에니스는 논리학과 비판적 사고에 관한 연구들을 종합적으로 검토하여 비판적 사고의 관점 또는 기능을 12가지로 제시했다(Ennis, 1962: 107):

(1) 진술의 의미를 파악하기(grasping the meaning of a statement)

(2) 추론 과정에서의 모호성을 판단하기(judging whether there is ambiguity in a line of reasoning)

(3) 진술들 사이의 모순을 판단하기(judging whether certain statements contradict each other)

(4) 결론 도출의 필연성을 판단하기(judging whether a conclusion necessarily follows)

(5) 진술의 구체성을 판단하기(judging whether a statement is specific)

(6) 진술이 원리의 적용인지를 판단하기(judging whether a statement is an application of a principle)

(7) 관찰에 의한 진술의 신뢰성을 판단하기(judging whether a observation statement is reliable)

(8) 귀납적 결론의 정당성을 판단하기(judging whether a inductive conclusion is warranted)

(9) 문제의 확인 가능성을 판단하기(judging whether the problem has been identified)

(10) 숨겨진 가정을 판단하기(judging whether something is an assumption)

(11) 개념정의의 적절성을 판단하기(judging whether a definition is adequate)

(12) 권위에 의한 진술의 수용 가능성을 판단하기(judging whether a statement made by an alleged authority is acceptable)

그러나 에니스가 제시한 비판적 사고의 기능은 주로 진술을 판단하는 것에 초점을 맞추었기 때문에, 진술 이외의 행위, 사태, 현상, 정책, 제도 등의 타당성을 평가하는 것을 배제시켰다. 또한 에니스는 진술에 대한 평가가 옳은지 그른지를 판단할 수 있는 객관적인 기준이나 원리를 제시하지 못했고, 판단기준 자체의 보편성이나 합리성 등을 평가하는 과정을 간과하였다.

　이런 문제점을 보완하기 위해 베이어는 비판적 사고를 분석과 평가의 복합체로 규정하고, 비판적 사고의 세부적인 기능 또는 규칙을 10가지 형태로 제시했다(Beyer, 1985: 272, 1988: 27-57):

(1) 증명할 수 있는 사실과 가치 주장을 구별하기(distinguishing between verifiable facts and value claims)

(2) 적절한 정보·주장·근거와 부적합한 것을 구별하기(distinguishing relevant from irrelevant information, claims, or reasons)

(3) 진술의 사실적 정확성을 결정하기(determining the factual accuracy of a statement)

(4) 정보 원천의 신뢰성을 결정하기(determining the reliability of a source)

(5) 애매모호한 주장이나 논증을 확인하기(identifying ambiguous or equivocal claims or arguments)

(6) 진술되지 않은 가정을 확인하기(identifying unstated assumptions)

(7) 편견을 발견하기(detecting bias)

(8) 정당한 주장과 부당한 주장을 구별하기(distinguishing between warranted or unwarranted claims)

(9) 추론 과정에서 논리적 모순과 오류를 인식하기(recognizing logical inconsistencies or fallacies on a line of reasoning)

(10) 논증의 설득력을 결정하기(determining the strength of an argument)

에니스와 달리 베이어는 비판적 사고 기능을 보다 세분화하고 명료화하는 데 기여했다. 하지만 베이어도 역시 판단기준의 객관성과 합리성 등을 평가하는 과정을 간과했고, 하위기능을 너무 세분화함으로써 서로 유사한 기능들을 나열하거나 다른 고차원적 사고력의 기능과 중복되는 것들을 포함시켰다.

우리나라의 허경철 등은 베이어의 비판적 사고 기능 목록을 수정하여 비판적 사고의 하위기능을 7가지로 제시하였다(허경철 외, 1991). 그러나 허경철 등은 베이어의 사고 기능 10가지 목록에서 일부를 제외하거나 통합시켰지만, 구체적인 내용을 비교해보면 베이어의 견해와 별로 차이가 없다.

(1) 사실과 의견을 구별하기
(2) 타당하고 충분한 근거를 들어 의견(진술)을 평가하기
(3) 다양한 정보의 신뢰성을 비교·분석하고 신뢰로운 정보를 선택하기
(4) 한 문제를 다양한 관점으로 조망하기
(5) 주장이나 진술에 개재된 편견을 탐지하기
(6) 어떤 진술에 숨겨진 의미와 가정을 확인하기
(7) 문제의 본질에 적합한 평가의 준거를 확인하기

이와 같이 여러 학자들이 비판적 사고 기능을 10여 가지로 다양하게 제시했는데, 그렇게 할 경우에 몇 가지 문제가 발생한다. 첫째로, 비슷한 기능들이 서로 중복되거나 다른 고차원적 사고력과 구별하기 어려운 문제가 발생된다. 예컨대 '추론 과정에서의 모호성

판단하기'와 '진술들 사이의 모순 판단하기', '결론 도출의 필연성 판단하기'와 '귀납적 결론의 정당성 판단하기', '적절한 정보 · 주장 · 근거와 부적합한 것 구별하기'와 '애매모호한 주장이나 논증을 확인하기', '논리적 오류를 확인하기'와 '추론과정에서 논리적 모순' 과 '오류를 인식하기' 등은 서로 중복되는 기능들이라고 할 수 있다. 또한 '진술의 의미 파악하기', '문제의 확인 가능성 판단하기', '진술의 사실적 정확성 결정하기', '논증의 설득력 결정하기' 등은 탐구력이나 의사결정력에서도 중요한 부분을 차지하는 기능이라고 할 수 있다.

둘째로, 에니스와 베이어처럼 비판적 사고의 하위기능을 너무 세분화하면, 실제의 교실수업에서 교사가 비판적 사고력을 가르치기 위한 교육 내용과 방법을 선정하고 조직하는데 많은 어려움이 발생된다. 특히 초등학교에서 비판적 사고력을 효과적으로 가르치기 위해서는 초등학생의 인지능력과 지적 수준을 고려하여 중복된 하위기능들을 통합시켜 비판적 사고의 하위기능을 최대한 간략하게 제시하는 것이 필요하다.

초등학생은 현상을 인식하고 개념화하는 인지능력이 성인만큼 충분히 발달하지 못한 상태이다. J. Piaget에 따르면, 초등학생은 인지발달의 단계에서 구체적 조작기에 해당된다. 이 시기는 감각동작기와 달리 가역성(reversibility)에 대한 이해가 증가되면서 사고의 유연성이 증대되고, 자아 중심적 사고가 감소되면서 타인의 역할을 취하는 능력이 증대된다. 이런 사고능력의 변화는 현실을 새롭게 이해할 수 있도록 해준다. 그래서 이 시기의 아동들은 연역적으로 생각하기 시작한다. 예컨대 모든 개가 동물이라면, 나의 애완견도

동물이라고 생각할 수 있게 된다. 또한 아동들은 양과 수, 시간과 공간의 개념을 형성하고 일상생활에서 직접 경험한 사물들을 분류할 수 있다.

그러나 초등학생들의 사고는 여전히 직접 경험하는 표면적인 세계에서 구체적으로 작동되는 것에 의존한다. 문제해결에 필요한 것이 물리적으로 현존하는 경우에만 문제를 해결할 수 있다. 가시적인 자극이 제시되지 않고 문제가 '추상적인 언어' 형태로 제시될 경우에, 아동들은 문제를 해결하는 데 어려움을 겪게 된다. 실제로 J. Glick & S. Wapner의 연구결과에 의하면, 8~18세의 아동들은 추상적인 언어 자료의 제시보다는 가시적인 구체적 사례를 제시했을 때 추론문제를 더 잘 해결하는 것으로 밝혀졌다(Hetherington & Parke, 1986: 364-365).

또한 이 시기의 아동들은 자신이 살고 있는 공동체에서 실제로 경험하거나 학습한 지식을 중심으로 이해할 수 있기 때문에, 자신의 경험과 지식 밖에 있는 추상적인 지식이나 경험하지 못한 현상들에 대해서는 이해하기 어렵다.

따라서 초등학생들에게 성인과 같은 수준의 비판적 사고를 요구할 경우에, 초등학생이 성인처럼 능숙하게 비판적 사고를 실행할 수 없다. 초등학생은 추상적인 진술, 행위, 현상, 정책 등의 사실과 가치부분을 구분하여, 객관적 근거에 의해 분석하고, 다른 관점에서 그것들을 이해하며, 그 뒤에 놓여진 가정이나 의도를 예리하게 평가하기 어렵다.

이처럼 구체적 조작기의 초등학생이 지닌 인지능력과 지적 수준을 고려하면 그리고 다른 고차원적 사고력의 기능들과 중복되지 않게 하려면, 초등학교에서 가르쳐야 할 비판적 사고의 하위기능은 최소한으로 제시하는 것이 필요하다. 이런 이유에서 필자는 초등학교에서 가르치기에 적합한 비판적 사고의 하위기능들을 다음과 같이 5가지로 제시할 것이다(박상준, 2006: 130-131).

(1) 사실부분과 가치부분을 구분하기

사람들은 어떤 것과 관련된 사실의 진술과 가치의 판단, 주관적 견해를 구분하지 못하고 혼동하는 경향이 있다. 하지만 어떤 것이 진리인지 아닌지를 객관적으로 평가하기 위해서는 그와 관련된 진술, 신념, 행동, 사태, 정보, 정책 등에서 사실부분과 가치판단 또는 견해부분을 구별할 필요가 있다. 사실부분은 누가 조사하든지 객관적으로 확인하고 진위를 판단할 수 있지만, 가치부분은 주관적인 가치판단이나 견해이기 때문에 객관적으로 진위를 결정하기 어렵다. 따라서 가치판단이나 견해부분은 진위를 결정하는 것이 아니라 그것을 정당화하기 위해 제시된 근거의 타당성을 평가해야 한다.

(2) 제시된 근거의 타당성을 평가하기

어떤 것과 관련된 진술, 신념, 행동, 지식, 정책 등은 그것들을 정당화하기 위해 나름대로 근거 또는 이유를 제시한다. 하지만 제시된 근거가 모두 타당한 것은 아니다. 따라서 제시된 근거 또는 이유가 신뢰할 만한지 합리적인지에 대하여 객관적인 근거에 의거해 평가해야 한다. 제시된 근거가 타당하지 않다면, 그것들은 타당한 것으로 승인되기 어렵다.

(3) 객관적 근거에 의거해 평가하기

비판적 사고의 핵심적 특징은 "객관적 근거에 의한 합리적인 분석과 평가의 기능 및 성향"이다. 그런데 평가기준 자체가 신뢰성, 보편성, 합리성 등을 갖추지 못했다면, 그 평가는 공정성과 객관성을 인정받기 어려울 것이다. 따라서 어떤 것을 평가하기 전에 먼저 평가기준이 되는 근거가 타당한지에 대하여 반성하고 검증할 필요가 있다. 그 다음 객관적이고 합당한 근거에 기초하여 어떤 대상의 적합성, 진실성, 합리성 등을 평가해야 한다. 관련된 진술, 신념, 행동, 사태, 지식, 정책 등이 그런 조건을 충족하지 못한다면, 그것들은 타당한 것으로 인정받기 어렵다.

(4) 다른 관점에서 바라보기

어떤 것과 관련된 진술, 신념, 행동, 사태, 지식, 정책 등을 보다 정확하게 파악하기 위해서는 제시된 입장과 다른 관점에서 이해하는 것이 필요하다. 어떤 것을 공정하게 평가하려면 자신의 이해관계를 초월하여 중립적 입장에서 파악하거나 다른 사람이나 공동체의 관점에서 객관적으로 이해하는 자세가 필요하다. 일반적으로 받아들여진 관점에서 그대로 이해하는 것이 아니라 어떤 것을 뒤집어 보거나 거꾸로 생각하는 방법이 요구된다.

(5) 숨겨진 가정과 의도를 찾아내기

어떤 것과 관련된 진술, 신념, 행동, 지식, 정책 등은 대부분 특정한 것을 가정한 상태에서 제시된 것이다. 그 뒤에 놓여있는 가정 또는 의도는 보통 명확하게 표현되지 않고 숨겨져 있기 때문에, 사람들을 혼란스럽게 하고 오해하도록 만든다. 따라서 어떤 것을 정확하게 이해하고 객관적으로 평가하기 위해서는 그 뒤에 숨겨진 가정이나 의도를 찾아내서 분명하게 인식하는 것이 필요하다.

2) 비판적 사고 성향

앞에서 설명했듯이, 비판적 사고력은 사고 기능과 사고 성향이 통합적으로 구성되어 있다. 비판적 사고 기능은 주로 객관적 근거에 의거해 대상을 분석하고 평가하는 사고의 절차 및 방식과 관련된 능력이다. 반면에 비판적 사고 성향은 어떤 대상에 대하여 항상 비판적으로 분석하고 평가하려는 태도와 습관, 경향성이다. H. Siegel의 정의에 따르면(Siegel, 1988: 23), 전자는 어떤 주장이나 행위를 정당화하기 위해서 근거를 적절하게 평가하는 능력과 관련되고, 후자는 자신의 신념과 행위를 근거에 기초하려는 의지 및 성향과 관련된다.

그동안 많은 학자들이 비판적 사고를 사고 기능의 측면에서 연구해왔고, 사고 성향의 요소를 소홀히 다루었다. 그러나 비판적 사고 기능이 교실 수업 이외에 실제의 일상생활에서 지속적으로 발휘되기 위해서는 사고 성향의 형성이 필요하다. 비판적 사고 성향이 습득되지 않으면, 비판적 사고 기능도 지속적으로 발휘되기 어렵다. 그러므로 비판적 사고력을 교육할 때, 교사는 비판적 사고 기능뿐만 아니라 사고 성향을 함께 습득시키도록 노력해야 한다.

이런 측면에서 최근 비판적 사고는 사고 기능과 사고 성향의 두 측면을 함께 갖고 있다는 사실이 인정되는 추세이다. 그런데 비판적 사고 성향이 무엇인가에 대해서는 학자들마다 견해가 다양하다. 에니스는 비판적 사고가 사고 기능만이 아니라 사고 성향으로 구성되어 있다고 지적하면서, 비판적 사고가가 갖추어야 할 성향을 12가지 제시했다(Ennis, 1996: 9):

(1) 자신의 신념이 사실인가와 자기의 결정이 정당화되는가에 관심을 갖는다.
 • 대안을 찾고 여러 가지 대안에 개방적이다.
 • 유용한 정보에 의거해 정당화되는 범위 내에서 입장을 취한다.
 • 많은 정보를 찾으려고 한다.
 • 자기보다 타인의 관점을 진지하게 고려한다.
(2) 자기 및 타인의 입장을 정직하게 표현한다.
 • 진술된 것의 의도된 의미를 상황에 맞춰 정확하게 명료화한다.
 • 질문 또는 결론을 정하고 초점을 유지한다.
 • 이유 또는 근거를 찾고 제시한다.
 • 평가의 상황 전체를 고려한다.
 • 자신의 기본 신념을 반성적으로 의식한다.
(3) 모든 인간의 존엄성과 가치에 대해 관심을 갖는다.
 • 타인의 의견과 근거를 주의 깊게 발견하고 듣는다.
 • 자신의 비판적 사고력으로 타인을 위협하거나 혼란시키지 않고 타인의 느낌과 이해 수준을 고려한다.
 • 타인의 복지에 대해 관심을 갖는다.

에니스와 달리, E. D'Angelo는 비판적 사고력을 50가지 기능과 10가지 태도로 세분화하면서, 비판적 사고의 태도를 10가지로 제시했다(D'Angelo, 1971: 7-8):

(1) 지적 호기심: 다양한 문제들에 대한 해결책을 탐구하고 사태의 원인과 설명을 찾기 위해 언제, 누가, 어디서, 어떻게, 왜 무엇을 같은 문제에 관한 질문을 제기하는 것이다.
(2) 객관성: 감정적·주관적 요소를 배제하고 경험적 증거나 타당한 논증을 근거로 결론에 도달하는 것이다.
(3) 개방된 마음: 여러 가지 신념들이 진실일 수 있다는 것을 받아들이고, 편견이나 선입견에 의해 결정하지 않는다.
(4) 융통성: 특정한 신념에 지배받는 독단적 태도와 경직성을 버리고 우리가 모든 해결책을 알지 못한다는 것을 인정하는 것이다.
(5) 지적 회의주의: 모든 진술이나 신념은 자유롭게 의심될 수 있는 것이고, 적합한 결론이 제시되지 않는 한 그 결론을 진리라고 받아들이지 않는 것이다.
(6) 지적 정직성: 어떤 진술이 우리의 신념과 반대되는 것일 지라도 충분한 증거가 있으면 그것을 진리로 받아들이는 것이다.
(7) 체계성: 문제에 대한 회의에서 탐구의 과정, 결론에 이르기까지 논리적 일관성을 유지하는 것이다.
(8) 지속성: 문제의 해결책을 찾을 때까지 인내심을 갖고 계속 탐구하는 것이다.
(9) 결단성: 필요한 정보가 획득될 때까지 불필요한 논증이나 속단을 피하고, 타당한 증거가 제시될 경우에 결론을 맺는 것이다.
(10) 다른 관점에 대한 존중: 내가 틀릴 수 있고 내가 거절한 관념이 옳을 수 있다는 것을 기꺼이 인정하는 것이다.

54

한편 허경철 등은 비판적 사고의 태도와 경향성에 대한 논의들을 종합하여 비판적 사고의 성향을 5가지로 제시했다(허경철 외, 1991):

(1) 건전한 회의성: 오류가능성을 인정하고 의문을 제기하는 태도
(2) 지적 정직: 근거가 충분한 경우에 진실로 인정하려는 태도
(3) 객관성: 타당한 근거를 토대로 결론을 도출하려는 태도
(4) 체계성: 논의의 핵심에서 벗어나지 않고 내적 일관성을 유지하려는 성향
(5) 철저성: 근거 없이 결론 맺기를 유보하는 자세

김재형은 E. D'Angelo와 허경철 등의 논의를 검토하면서 비판적 사고의 성향을 (1) 객관성, (2) 지적 회의성, (3) 지적 정직성, (4) 체계성, (5) 다른 관점에 대한 존중으로 제시하였다(김재형, 1997: 439-440).

이와 같이 여러 학자들이 비판적 사고를 단순히 사고 기능의 측면에서 파악하던 상황에서 Ennis, D'Angelo, 허경철, 김재형 등은 비판적 사고력이 기능과 성향으로 통합되어 있다는 측면을 드러내는데 기여했다. 하지만 그들이 제시한 비판적 사고의 태도 또는 성향은 너무 추상적이고 포괄적이기 때문에, 일반적으로 개방적 사고 또는 다른 고차원적 사고력의 태도와 구별되지 않는 것들이 많이 포함되어 있다. 예컨대, '대안을 찾고 여러 가지 대안에 개방적이다', '많은 정보를 찾으려고 한다', '타인의 복지에 대해 관심을 갖는다' 그리고 '지적 호기심', '개방된 마음', '융통성', '체계성', '다른 관점에

대한 존중'등은 개방적 사고, 논리적 사고, 창의적 사고, 배려적 사고 등의 태도와 상당히 중복된다.

그렇기 때문에 다른 고차원적 사고력의 태도나 성향과 구별하여, 비판적 사고력의 고유한 태도와 성향을 찾는 것이 필요하다. 이런 측면에서 R. W. Paul은 비판적 사고의 성향을 보다 구체적으로 간명하게 제시했다. 그래서 이 책에서는 비판적 사고 성향이 무엇인가에 대해 논의할 때 폴의 입장을 따르고자 한다. 폴은 비판적 사고를 구성하고 있는 태도를 다음과 같이 제시하였다(Paul, 1987: 127-148):

(1) 명료성·정확성·공정성에 대한 열망
(2) 대상의 원천까지 확인하려는 열정
(3) 증거를 찾으려는 욕구
(4) 모순·비체계적 사고·일관성 없는 기준의 적용 등에 대한 혐오
(5) 자기 이익에 반하지만 진리에 대한 헌신적 태도
(6) 사회적으로 신뢰받고 인정되는 것에 대해 기꺼이 의문을 제기하기
(7) 오랫동안 지속되어온 신념을 기꺼이 버리기

요약하면, 비판적 사고 성향은 어떤 대상에 대하여 의문을 제기하고, 객관적인 근거에 기초하여 대상을 분석·평가하려는 태도와 경향성이다. 또한 비판적 사고 성향은 객관적인 근거에 의거해 자신이나 타인의 사고와 행위 및 그 산물들에 대하여 반성적으로 평가하려는 습관이고, 타당한 것으로 입증되면 기꺼이 진리로 인정하는 태도이다.

앞에서 간략히 살펴본 것처럼, 최근에 비판적 사고력은 사고 기

능만이 아니라 사고 성향이 통합적으로 구성되어 있고 두 요소가 함께 작동한다는 점이 인정되고 있다. 어떤 것에 대해 비판적으로 사고하기 위해서는 인지적 측면의 사고 기능과 정의적 측면의 사고 성향이 동시에 필요하다. 비판적 사고 성향이 형성되지 않은 사람은 객관적인 근거에 의거해 합리적으로 분석하고 평가하기 어렵다. 즉, 비판적인 사고 성향이 함께 습득되지 않으면, 비판적 사고 기능도 지속적으로 작동하지 못한다.

4. 비판적 사고의 차원

앞에서 정의했듯이 비판적 사고는 "객관적 근거에 의한 합리적인 분석과 평가의 기능 및 성향"이다. 비판적 사고는 단순히 진술의 논리적 오류를 분석하고 일관성을 평가하는 것만은 아니다. 어떤 대상에 대한 비판적인 분석과 평가는 다양한 차원에서 이루어질 수 있고 어떤 측면에서 접근하느냐에 따라 달라질 수 있다. 어떤 진술, 행위, 사태, 현상, 정책 등을 합리적으로 분석하고 평가하기 위해서는 그것들이 사실인지를 확인하는 것도 필요하고, 그것들 뒤에 놓여있는 관점이나 이념, 숨겨진 가정을 조사하는 것도 필요하다.

이처럼 비판적 사고는 다양한 차원에서 이루어진다. 에니스는 많은 학자들이 단순하게 비판적 사고 기능의 목록을 제시하는 데 주력했다고 비판하면서, 비판적 사고 기능이 적용되기 위해서 요구되는 다양한 차원들이 있다는 점을 보여주는 데 기여했다. 비판적 사고가는 어떤 특정한 사고 기능이 이루어지는 차원들을 고려하여 그런 사고 기능을 활용한다는 것이다. 우리는 비판적 사고 기능을 소유한 것만으로는 충분하지 않고 그 기능을 언제 어떻게 사용해야 하는가를 습득해야 한다.

이런 측면에서 에니스는 비판적 사고의 3가지 차원을 논리적 차원, 표준적 차원, 실용적 차원으로 제시하고 있다(Ennis, 1962: 84-90):

(1) **논리적 차원**: 논리적 차원은 진술에 사용된 용어의 의미와 진술들 사이에 어떤 관계가 있는가를 판단하는 것이다. 그것은 용어와 진술이 가지고 있는 의미와 그것의 함축적 의미를 함께 이해하는 것을 가리킨다.

(2) **표준적 차원**: 표준적 차원은 논리적 차원에서 다루어진 진술들을 판단하기 위한 표준에 관한 지식을 다룬다. 예컨대 관찰에 의한 진술의 신뢰도를 판단하기 위한 기준과 규칙을 형성해왔는데, 그런 기준과 규칙은 비판적 사고의 측면에서 표준적 차원을 제공한다.

(3) **실용적 차원**: 실용적 차원은 진술의 목적과 실제 결과에 비추어 언제 충분한 증거를 갖는가를 전후관계를 고려하여 판단하는 것이다. 그것은 어떤 진술을 받아들일 것인가를 결정할 때, 그 배경이 되는 목적에 의해 타당하게 수행되는 기능인가를 확인하는 것이다. 즉, 그것이 충분한 증거라는 판단을 내리기 전에 여러 가지 요인들을 비교 검토하는 것이다.

하지만 에니스는 진술의 의미, 진술의 판단기준, 진술의 목적과 결과 등 '진술'을 평가하는 차원만을 제시했고, 진술 이외의 신념, 행위, 사태, 정책 등을 비판적 사고의 대상에서 배제시켰다. 또한 그가 제시한 3가지 차원은 진술의 의미와 목적을 파악하고 그것의 신뢰도를 평가하기 위해서 너무 전문적인 지식과 전문적인 이해를 요구하고 있다. 어떤 진술과 관련된 전문적인 지식과 이해가 부족한 사람은 3가지 차원에서 볼 때 그 진술에 대해 올바르게 평가할 자격조차 갖지 못하게 된다.

다른 한편 한면희는 진술에 대한 평가로서의 비판적 사고는 한 가지 측면이 아니라 여러 가지 측면에서 이루어질 수 있다고 지적하고, 평가의 차원에 대한 이명아(1993: 25-32)의 분류에 따라 비판적 사고의 3가지 차원을 사실적 차원, 논리적 차원, 관점의 차원으로 제시하였다(한면희, 2000: 47-48). 필자는 한면희의 논의를 조금 수정하여 비판적 사고가 이루어지는 차원을 사실적 차원, 논리적 차원, 이념적 차원으로 분류하고자 한다(박상준, 2006: 133-134).

(1) 사실적 차원

사실적 차원에서 비판적 사고는 어떤 진술, 행위, 사태, 현상, 정책 등의 사실 여부를 확인하고 판단하는 것이다. 그것들이 논리적으로 일관성이 있다고 할지라도 모두 진실은 아니다. 그렇기 때문에 그것들의 논리적 일관성이 타당성을 평가하기 전에, 그것들이 정말 사실인가를 확인하는 작업이 필요하다. 사실적 차원의 사고에는 사고 기능에서 '사실부분과 가치부분을 구분하기', '편견을 발견하기' 그리고 사고 성향에서 '명료성·정확성·공정성에 대한 열망', '대상의 원천까지 확인하려는 열정' 등이 포함된다.

(2) 논리적 차원

논리적 차원에서 비판적 사고는 어떤 진술, 행위, 정책 등의 오류를 분석하고 그것들이 논리적으로 일관성 있고 타당한가를 평가하는 것이다. 그것들의 일관성이나 타당성을 평가할 때, 논리학의 규칙이나 원리들이 사용될 수 있다. 논리적 차원의 사고에는 사고 기능에서 '제시된 근거의 타당성을 평가하기', '객관적 근거에 의거해 평가하기' 그리고 사고 성향에서 '증거를 찾으려는 욕구', '모순·비체계적 사고·일관성 없는 기준의 적용에 대한 혐오' 등이 포함된다.

(3) 이념적 차원

이념적 차원에서 비판적 사고는 어떤 진술, 주장, 행위, 정책 등이 어떤 관점, 이념, 의도에서 제시된 것인지를 조사하고 그런 관점이나 이념을 규범적으로 타당한 것으로 승인할 수 있는가를 평가하는 것이다. 어떤 것들에 대하여 비판적으로 평가하는 것은 그것들의 사실 여부를 확인하고, 논리적 규칙에 의거해 일관성이나 타당성을 평가하는 것 이외에 그것들이 어떤 관점, 이념, 의도에서 제시된 것인가를 파악하는 것이 필요하다. 어떤 관점이나 이념에서 바라보는가에 따라 같은 진술, 행위, 사태, 정책 등이 서로 다르게 설명될 수 있기 때문이다. 이념적 차원의 사고에는 사고 기능에서 '다른 관점에서 바라보기', '숨겨진 가정과 의도를 찾아내기' 그리고 사고 성향에서 '자기 이익에 반하지만 진리에 대한 헌신적 태도', '사회적으로 신뢰받고 인정되는 것에 대해 기꺼이 의문을 제기하기', '오랫동안 지속되어온 신념을 기꺼이 버리기' 등이 포함된다.

지금까지 비판적 사고의 개념, 구성요소, 3가지 차원에 대하여 살펴보았는데, 그것들을 종합하여 비판적 사고의 구조를 정리하면 다음과 같다(박상준, 2006: 135).

<비판적 사고의 구조>

개 념	사고의 차원	사고 기능	사고 성향
객관적 근거에 의거한 합리적 분석과 평가의 기능 및 성향	사실적 차원	• 사실부분과 가치부분을 구분하기	• 명료성, 정확성, 공정성에 대한 열망 • 대상의 원천까지 확인 하려는 열정
	논리적 차원	• 제시된 근거의 타당성을 평가하기 • 객관적 근거에 의거해 평가하기	• 증거를 찾으려는 욕구 • 모순, 비체계적 사고, 일관성 없는 기준의 적용 등에 대한 혐오
	이념적 차원	• 다른 관점에서 바라보기 • 숨겨진 가정과 의도를 찾아내기	• 자기 이익에 반하지만 진리에 대한 헌신적 태도 • 사회적으로 신뢰받고 인정되는 것에 대해 기꺼이 의문을 제기하기 • 오랫동안 지속되어온 신념 기꺼이 버리기

생각할 문제

1. 많은 학자들이 비판적 사고를 서로 다르게 정의했다. Ennis, McPeck, Lipman, Beyer, APA, 노경주, 김명숙 등의 개념 정의에 대해 자신의 입장에서 비판적으로 평가해보라.

2. 필자는 여러 학자들의 견해를 검토하고 비판적 사고의 특성을 고려하여, 비판적 사고를 새롭게 정의했다. 필자의 개념 정의에 대해 자신의 관점에서 비판적으로 평가해보라.

3. 여러 학자들의 견해를 고려하여 다른 고차원적 사고력과 구별되는 비판적 사고력의 특성이 무엇인가를 분석해보라.

4. 비판적 사고의 핵심적 특성을 고려하여 자신의 입장에서 비판적 사고의 개념을 정의해보라.

5. 기존의 학자들은 비판적 사고를 주로 기능적 측면에서 진술이나 주장을 평가하는 사고 기능으로 이해했는데, 필자는 비판적 사고를 구조적 측면에서 파악해야 하고, 비판적 사고의 구조를 개념, 사고 기능과 사고 성향, 3가지 차원의 복합체로 제시했다. 이런 필자의 주장을 비판적으로 평가해보라.

6. 필자는 다른 고차원적 사고력과 중복된 기능을 제외하고, 비판적 사고의 핵심적 기능을 추출하여, (1) 사실부분과 가치부분을 구분하기, (2) 제시된 근거의 타당성을 평가하기, (3) 객관적 근거에 의거해 평가하기, (4) 다른 관점에서 바라보기, (5) 숨겨진 가정과 의도를 찾아내기로 제시했다. 이런 필자의 주장을 비판적으로 평가해보라.

제3장
비판적 사고력의 교육 사례

제3장 비판적 사고력의 교육 사례

앞 장에서 필자는 구조적 측면에서 비판적 사고력의 구조를 드러내고자 하였다. 비판적 사고력은 단순한 사고 기능이 아니라 사실적 차원, 논리적 차원, 이념적 차원에서 구체적으로 작동하는 사고 기능과 사고 성향으로 통합되어 있고, 객관적 근거에 의거해 합리적으로 분석하고 평가하는 기능 및 성향이다.

그렇다면 비판적 사고력을 신장시키기 위해서 교사는 어떻게 가르쳐야 하는가? 비판적 사고력 교육의 효과적인 방안에 대해 탐구하기 전에 먼저 기존의 비판적 사고력 교육이 어떻게 이루어져 왔고, 어떤 한계점을 지녔는가를 비판적으로 검토하는 것이 필요할 것이다.

1. 외국의 비판적 사고력 교육

비판적 사고력의 교육은 이미 반성적 사고에 대한 J. Dewey의 강조에서 시작되었다고 할 수 있다. 듀이는 「우리는 어떻게 생각하는가(How We Think)」라는 책에서 일상적 사고와 반성적 사고를 구분하면서 반성적 사고를 원인과 결과의 관계를 인식하는 것이라고 설명하였다. 그 후 여러 학자들이 듀이의 아이디어를 사고력 교육에 적용하려고 시도하였다. 특히 에니스(R. Ennis)는 '비판적 사고의 정의'라는 논문을 발표하면서 비판적 사고력의 교육에 큰 영향을 미쳤다.

비판적 사고력의 교육은 최근 민주사회의 요구와 정보사회의 필요에 의해 더욱 강조되고 있다. 민주사회는 정치가의 주장과 행위, 정부의 정책과 제도를 비판적으로 평가하고 올바르게 판단할 수 있는 시민의 자질을 요구하고 있다. 그리고 정보사회는 수많은 정보와 지식을 비판적으로 분석하고 평가하여 올바르게 활용할 수 있는 시민의 능력을 필요로 한다. 그러면서 미국에서는 정부뿐만 아니라 기업도 교육의 각 분야에서 비판적 사고력을 가르쳐야 한다고 주장하기 시작했다(Pitcher & Soden, 2000: 237-249).

1982년 애들러 교수(M. J. Adler)는 동료교수들과 함께 파이데이아 계획안(The Paideia Proposal)을 제안하면서 "교육의 궁극적 목적은 사려 깊은 시민, 즉 자신이 하는 모든 일에서 '비판적으로 사고할 수 있는 개인'을 길러내는 것이다"고 주장했다(Adler, 1986: 363). 그 후 미국사회에서는 학생들의 비판적 사고력을 신장시키는 것이 교육의 기본 목적이라는 것이 일반적으로 받아들여졌다. 학생들이 비판적으로 사고하도록 가르칠 수 없다면, 학교교육의 다른 목표도 달성될 수 없다는 것이다.

1983년 카네기 교육재단의 회장 보이어(E. L. Boyer)는 미국의 중·고등학교 교육에 대한 조사보고서에서 많은 학교들이 비판적 사고력을 가르치기 위해 노력하고 있다는 증거가 거의 없고, 그에 따라 학생들이 비판적으로 사고하고 효율적으로 의사소통하는 능력이 부족하다고 지적했다(Boyer, 1983).

또한 1984년에 「교육리더십」이란 잡지에서 '교육과정에서의 사고기능'이란 주제의 논문들이 발간되면서, 사고력 교육이 널리 인식되기 시작했다. 학교는 단순히 생각하도록 가르치는 것이 아니라 '비판적으로' 사고할 수 있도록 가르쳐야 한다는 주장이 제기되었다(Lipman, 2003: 51-55, 59-62).

그러면서 1980년대 후반부터 '비판적 소양과 비판적 사고', '비판적 사고와 교육개혁', '비판적 사고와 교육' 등의 협의회가 열렸다. 몽클레어 대학교의 비판적 사고 연구소는 매년 회보를 발간하였는데 1992년 「교육적 이상으로서의 비판적 사고」라는 회보와 「비판적 사고와 학습」이란 교육논문총서를 발간하기도 했다(Lipman, 2003: 70-72). 몽클레어 대학은 비판적 사고력의 교육을 위한 예비교사 양성과정을 만들었고, 국무부의 지원을 받아 대학과 초·중등학교에서 비판적 사고력을 가르치려고 시도하였다. 그리고 소노마 연구소는 교사 연수 워크샵을 실시하여 비판적 사고력의 교육을 대중화하는데 기여하였다.

이런 분위기 속에서 1980년대 후반 미국의 캘리포니아 주, 코네

티컷 주, 펜실베니아 주, 위스콘신 주 등에서 비판적 사고력의 교육이 강화되기 시작했다. 예를 들면 1983년 캘리포니아 주립대학은 모든 학생이 비판적 사고에 대한 강의를 9학점 이상 이수해야 졸업할 수 있도록 규정했고, 캘리포니아 주는 1984년 주정부 학력 평가에서 비판적 사고력에 대해 평가하였다.

그러나 대부분의 학교에서 비판적 사고력의 교육은 구체적인 문제 및 지식과 관계없이 주로 철학이나 논리학 과목에서 추상적인 내용을 중심으로 가르쳐졌다. 그 결과 비판적 사고력은 실질적으로 신장되지 못했다(McPeck, 1981, 32-33, Adler, 1986: 359-363). 비판적 사고력은 사회현상이나 사회문제로부터 동떨어진 철학이나 논리학에서 추상적으로 가르칠 수 있는 것이 아니라 특정한 교과목에서 구체적인 문제 및 지식과 관련하여 가르칠 수 있는 것이다.

2. 한국의 비판적 사고력 교육

앞에서 간략히 살펴본 것처럼, 서구사회에서는 민주사회의 요구와 정보사회의 필요성에 의해 비판적 사고력이 교육의 일반적 목표로서 강조되고 있다.

하지만 우리나라에서는 아직 비판적 사고력의 교육이 별로 강조되지 않고 있으며, 그에 따라 교육과정에는 거의 반영되지 않았다. 현재 제7차 교육과정은 우리나라 교육이 추구하는 인간상을 크게 5

가지로 제시하고 있다(교육부, 1997: 2):

　　가. 전인적 성장의 기반 위에 개성을 추구하는 사람
　　나. 기초 능력을 토대로 창의적인 능력을 발휘하는 사람
　　다. 폭넓은 교양을 바탕으로 진로를 개척하는 사람
　　라. 우리 문화에 대한 이해의 토대 위에 새로운 가치를 창조하는
　　　　사람
　　마. 민주 시민의식을 기초로 공동체의 발전에 공헌하는 사람

　여기에서 보듯이, 우리나라 교육과정은 개성, 창의적 능력, 진로 개척, 새로운 가치의 창조, 공동체 발전에의 공헌을 강조하고 있지만, 비판적 사고력은 제시하지 않았다. 더구나 학교 급별 교육목표를 살펴보더라도(교육부, 1997: 3-4), 비판적 사고력은 교육목표로서 별로 강조되지 않았다. 초등학교의 교육목표에서는 "나. 일상생활의 문제를 인식하고 해결하는 기초 능력을 기르고, 자신의 생각과 느낌을 다양하게 표현하는 경험을 가진다"라고 제시하고, 중학교의 교육목표에서는 "나. 학습과 생활에 필요한 기본 능력과 문제해결력을 기르고, 자신의 생각과 느낌을 창의적으로 표현하는 경험을 가진다"라고 규정하면서, 주로 문제해결력과 창의적 사고력을 강조하였지만, 비판적 사고력에 대해서는 거의 제시하지 않았다. 다만 고등학교의 교육목표에서 "나. 학문과 생활에 필요한 논리적, 비판적, 창의적 사고력과 태도를 익힌다"라고 규정하면서 논리적 사고력 및 창의적 사고력과 함께 비판적 사고력을 잠깐 제시하고 있을 뿐이다.

　이와 비슷한 맥락에서 2001년 교육인적자원부는 「국가 인적자원

개발 기본계획」을 수립하면서 지식사회에서 요구되는 시민의 기초
능력의 개념에 언어구사력, 수리력, 창의적 사고력, 문제해결력, 자기
관리능력 5가지만을 제시하고, 비판적 사고력을 포함시키지 않았다.

이처럼 아직까지 우리나라 교육부와 교육학자들은 비판적 사고력
의 중요성에 대해 충분히 인식하지 못하고 있는 실정이다. 그렇기
때문에 비판적 사고력이 교육의 목표로서 별로 강조되지 않으며,
교육내용에 거의 반영되지 않았고 실제 교실수업에서 가르쳐지지
않고 있다.

우리나라에서 비판적 사고력이 별로 강조되지 않는 이유는 정치
적 요인과 사회·문화적 요소에서 찾을 수 있을 것이다.

첫째로, 몇 십 년 동안 지속되어 왔던 권위주의 정부에서 그 원
인을 찾을 수 있을 것이다. 권위주의 정부는 정권을 유지하거나 더
연장하기 위해 정부와 체제에 대한 비판을 금지하였고 체제 유지에
필요한 국민의 책임과 복종 의식을 주입하기 위해 반공교육, 안보
교육, 국민정신교육, 국민윤리교육 등을 강화하였다. 이처럼 권위주
의 정부는 체제에 대한 비판을 거의 허용하지 않았고, 교육을 이용
하여 국가에 대한 충성과 권위에의 복종, 법과 질서의 준수를 주입
하였다.

임시정부와 독립운동의 정통성을 계승하지 못한 이승만 정부는
남·북 분단과 한국전쟁의 혼란을 겪으면서 정권을 유지하고 연장
하기 위해 반공 이데올로기를 내세웠다. 이승만 정부는 1948년 11
월 여순사건을 계기로 친북좌익세력, 소위 빨갱이를 처벌한다는 명
분 하에 같은 해 12월 '국가보안법'을 제정하였다. 게다가 이승만

정부는 1950년 한국전쟁 이후 국민들 사이에 만연된 북한 공산국가에 대한 적개심을 이용하여 정권을 유지하고 연장하기 위해 반공교육 또는 승공교육을 실시하였다.

5·16쿠데타를 통해 정권을 잡은 박정희 정부도 정권을 비판하는 세력을 과도하게 탄압하였고, 정권을 정당화하고 장기 집권하기 위해 반공교육과 국민정신교육을 더욱 강화하였다. 박정희 정권은 쿠데타 직후 곧바로 1961년 '특수범죄 처벌에 관한 특별법'과 '반공법'을 제정하여 정권에 대해 비판하고 저항하던 사람들을 정치적으로 탄압하였고, 사상과 표현의 자유를 억압하였다.

독재 정권에 대한 비판과 저항 세력을 정치적으로 탄압하는 것만으로는 정권을 유지하는 데 한계가 있다고 느낀 박정희 정부는 국가에 충성하고 정부에 복종하는 국민을 기르기 위한 교육을 강화하였다. 그래서 박정희 정부는 1968년 12월 국가의 유지와 발전에 기여하는 국민을 교육한다는 명분 아래 '국민교육헌장'을 공포하였다. 또한 박정희 정부는 1972년 10월 장기 집권을 목적으로 초헌법적인 유신조치를 단행한 후, 유신체제를 유지하기 위해 반공교육을 더욱 강화했다. 반공교육에서는 북한 김일성 주석을 뿔 달린 괴물로 묘사하고, '북한을 때려잡아야 할 공산당 집단'으로 주입시켰다. 이런 반공포스터와 반공표어가 학교뿐만 아니라 버스와 도로, 공공건물 등 곳곳에 설치되었다.

박정희 정부와 마찬가지로 쿠데타를 통해 집권한 전두환 정부는 집권 과정에서 도덕성과 정통성이 없었기 때문에 국가보안법을 엄격하게 적용하여 정권에 대해 비판하고 저항하는 세력을 강하게 탄압하였다. 제5공화국 기간 동안에 찬양·고무죄와 반국가단체 구성·가입죄 등으로 재판에 기소된 사람은 1981년부터 1987년 사이에 총 1,512명으로 알려졌다. 이런 사실은 전두환 정부가 정권을 비판하고 저항하는 시민들을 국가보안법을 이용하여 과도하게 탄압하였고, 시민의 의사 표현과 비판의 자유를 억압하였다는 것을 보여준다.

국가보안법을 통해 비판 세력을 탄압하는 것에 한계를 느낀 전두환 정부는 정권을 정당화하고 유지하기 위해 국민정신교육을 강화하였다. 전두환 정부는 국무총리 산하에 '국민정신교육정책회의'를 만들고 각종 공공기관을 통해 국가의 유지에 기여하는 국민의식과 태도를 기르기 위한 국민정신교육 또는 국민윤리교육을 정책적으로 강화하였다.

몇 십 년 동안 권위주의 정부가 지속되면서 정부와 체제에 대한 비판과 저항은 곧 북한에 대한 동조행위, 좌익세력(빨갱이)의 체제 전복 행위, 사회질서의 파괴행위와 동일시되었다. 또한 그런 비판행위는 정치적으로 탄압받았을 뿐만 아니라 반공교육의 영향으로 사회·문화적으로 죄악시되었다. 이러한 정치적 분위기 속에서 정부뿐만 아니라 기존의 권위와 질서에 대해 비판하고 개선하려는 논의는 이루어지기 어려웠다.

이와 같이 권위주의 정권들은 정권을 유지하거나 연장하기 위해 반공교육, 안보교육, 국민정신교육의 형태로 교육을 이용하였다. 이렇게 정치체제를 지속하고 사회질서를 유지한다는 명분 하에 교육을 이용하는 것은 1993년 2월 문민정부가 출범한 이후에도 계속되었다. '반공교육' 또는 '국민정신교육'이 '통일안보교육' 또는 '안보교육'이라는 명칭으로 바뀌고 교육내용이 조금 변경되었지만, 기본적으로 체제와 질서를 유지하는 데 필요한 국민의 책임과 복종의 태도를 주입하려는 교육이 계속 되고 있다.

여전히 국가정보원, 군대, 민주평화통일자문회의, 재향군인회 등을 통해 안보교육이 실시되고 있다. 또한 도로, 버스, 지하철에는 북한을 적국으로 표현하여 적개심과 감시를 촉구하는 반공 표어와 반공 포스터가 많이 걸려 있다.[10] 이런 반공표어와 안보교육은 표면적으로는 북한에 대한 경계심과 반공의식을 주입하는 것이지만, 다른 한편 국가의 감시와 통제를 일상화하고 시민의 자유-특히 의사 표현과 비판의 자유-를 억압하는 것을 정당화시켜 주는 기능을 한다.

둘째로, 우리 사회에는 아직 수직적 인간관계의 질서를 유지하는 데 초점이 맞추어진 유교의 전통이 깊이 자리 잡고 있어서 윗사람이나 기존 권위와 질서에 대해 비판하는 것을 꺼려하는 문화적 풍토가 남아 있다. 윗사람에 대한 비판은 권위에 도전하는 행위로 생각되고, 타인에 대한 비판은 곧 비난과 무례로 간주되고, 정부와 체제에 대한 비판은 반국가적인 행위 또는 체제 전복의 시도로 오해되기 쉽다. 이런 문화적 풍토로 인하여 합리적인 비판과 비합리적인 비난, 비방이 잘 구별되지 않으며, 그에 따라 합리적 비판에 대

---

10) 지금까지 수많은 반공표어들이 선전되었는데 몇 가지 예를 들면 다음과 같다: (1) 의심나면 다시 보고 수상하면 신고하자, (2) 국가발전 가로막는 용공책동 분쇄하자, (3) 간첩은 표시 없다 너도나도 살펴보자, (4) 한순간의 좌경사상 후손에게 눈물 된다, (5) 설마 하는 방심 속에 불순분자 스며든다, (6) 사회혼란 조장하는 불온문서 신고하자, (7) 혼란 속에 간첩오고 안정 속에 번영 온다, (8) 좌익폭력 사회혼란 북한오판 초래한다, (9) 너와 나의 방심 속에 무너지는 국가안보, (10) 흔들리는 안보정신 경제불안 사회불안.

해서도 부정적인 의식이 많이 남아 있다.

유교에서 보는 수직적 인간관계의 질서는 '군사부일체(君師父一體)'라는 말에서 잘 드러나는데, 이런 인간관계의 질서에 기초하여 유교는 부모와 스승, 윗사람, 통치자를 동일시하여 부모에게 하듯이 무조건 공경하고 복종해야 한다고 가르친다. 이런 가르침은 유교경전의 하나인 『孝經』에 잘 나타나 있다. 『孝經』에서 공자는 "부모를 사랑하는 자는 감히 다른 사람을 미워하지 않고, 부모를 공경하는 자는 다른 사람을 업신여기지 않는다"라고 했다.[11] 또한 『論語』에서 공자는 "양을 훔친 부모의 행위를 자식이 숨겨 주고, 양을 훔친 자식의 행위를 부모가 숨겨 주는 것이 바로 정직이다"고 말했다.[12]

이와 같이 유교는 사회적 관계를 부모와 자식, 윗사람과 아랫사람, 임금과 신하 등으로 서열화하고, 주로 낮은 위치에 있는 사람이 높은 위치에 있는 사람에게 지켜야할 도리를 강조하고 있다.[13] 유교윤리 속에서 낮은 위치에 있는 사람은 높은 위치에 있는 사람의 잘못을 모른 척하거나 덮어주는 것이 오히려 미덕이고 옳은 행위로 간주된다.

그래서 유교문화에서는 다른 사람의 말과 행위가 이치에 맞는지

---

11) "愛親者 不敢惡於人 敬親者 不敢 慢於人", 『孝經』, 「天子章」.
12) "父爲子隱 子爲父隱 直在其中矣", 『論語』, 「子路」 18.
13) 유교의 기본 윤리는 삼강오륜(三綱五倫)으로 구성되어 있다. 삼강은 군위신강(君爲臣綱), 부위자강(父爲子綱), 부위부강(夫爲婦綱)으로서, 임금과 신하, 부모와 자식, 남편과 아내 사이에 마땅히 지켜야 할 도리를 말한다. 오륜은 부자유친(父子有親), 군신유의(君臣有義), 부부유별(夫婦有別), 장유유서(長幼有序), 붕우유신(朋友有信)으로서, 부모와 자식, 임금과 신하, 남편과 아내, 윗사람과 아랫사람, 친구 사이에 마땅히 지켜야 할 윤리를 말한다. 삼강오륜은 오랫동안 우리 사회의 기본적인 윤리원칙으로 자리 잡았고 현재에도 많은 사람들의 의식 속에 깊이 뿌리박혀 있는 윤리원칙이다.

아닌지를 따지는 것보다 그냥 상대방을 인정해주는 사람이 점잖고 덕망 있는 사람으로 인정받는다. 어떤 것을 논리적으로 따지고 합리적으로 판단하는 것은 저급한 것으로 취급되고, 모든 것을 포용하는 것이 최고의 미덕으로 간주된다.

이런 유교문화에서는 조선시대 황희 정승 같은 인물이 훌륭한 사람으로 칭송받는다. 황희 정승이 칭송받는 이유는 원칙에 따라 사리(事理)를 잘 따지고 분별했기 때문이 아니라 오히려 관용과 덕망으로 모든 사람을 포용했기 때문이다. 일화에 따르면, 황희는 어떤 사람이 "삼각산이 무너졌다"라고 말하면, "그 산이 꼿꼿하더라"고 대답하고, 다른 사람이 "아니, 삼각산이 무너지지 않았다"라고 말하면, "그 산의 기세가 견고하더라"고 답변했다고 한다. 황희는 같은 산에 대하여 모순된 말을 한 것임에도 불구하고, 유교문화에서는 황희를 일관성이나 원칙이 결여된 사람으로 비판하는 것이 아니라 오히려 덕망을 갖춘 사람으로 칭찬한다.

이런 태도는 일상생활에서 사람들의 말과 행위방식에서도 잘 드러난다. 대부분의 사람들은 어떤 것이 사실인지 확인하고 무엇이 옳은지 논리적으로 따지는 것을 별로 좋아하지 않는다. 사람들은 그렇게 따지고 판단하는 일을 꺼려하고 대체로 "좋은 게 좋은 거다"라는 식으로 말하고 행동하는 경향이 있다. 무엇이 옳고 그른지를 논리적으로 따지는 사람보다 모든 것이 좋다고 그냥 넘어가는 사람이 더 좋은 사람으로 여겨진다.

이러한 유교문화로 인해 우리 사회에는 어떤 것을 논리적으로 따지고 원칙에 의거해 평가하는 것을 꺼려하는 문화적 풍토가 아직 남아 있다. 어떤 것의 사실 여부를 철저하게 밝혀내는 것, 다른 사람의 잘못을 확인하여 시정하는 것, 비합리적이고 비논리적인 것을 직접 따지는 것은 무례한 행동 또는 천박한 행동으로 간주된다. 오히려 그것들을 그냥 모른 척하고 넘어가는 것이 더 점잖은 행동, 더 품위 있는 행동으로 여겨지고 미덕으로 간주된다. 이러한 유교문화와 전통이 21세기 현대사회에서도 우리 사회에 아직 뿌리 깊게 자리 잡고 있으며, 사람들의 말과 행위에 커다란 영향을 미치고 있다.

셋째로, 유교문화와 함께 사회적 관계들이 혈연, 지연, 학연 등 연고(緣故)에 의해 형성되는 경우가 많이 남아 있기 때문에, 우리 사회는 아직 객관적인 비판을 공개적으로 하기 어려운 사회구조를 갖고 있다. 많은 사회적 관계들이 연고주의(緣故主義)에 기초하여 형성되기 때문에, 다른 사람들의 말과 행위에 대해 자유롭게 비판하면, 그 관계가 멀어지거나 깨지기 쉽다. 그에 따라 사람들은 대체로 사회적 관계를 유지하기 위해 비판을 피하고 서로 "좋은 게 좋은 거다"는 식으로 행동함으로써 사회적 관계를 계속 유지하려는 방향으로 처신하게 된다.

이런 태도와 행위방식이 우리 사회에서는 사회생활을 잘 하는 길이고 훌륭한 처세술로 인정받는다. 심지어 대학 교수사회와 학문공동체도 대부분 연고에 의해 관계가 얽혀있기 때문에, 자유로운 비판과 토론이 잘 이루어지지 않는다. 자유롭게 비판하고 토론하면 교수사회에서 선배 또는 동료교수를 몰라보는 무례하고 거만한 사람으로 낙인찍혀 따돌림을 당하는 경우도 있다. 예컨대 서울대학교 미대 김민수 교수는 선배교수들의 친일행적에 대해 비판하는 논문을 발표했다가 1998년 '연구논문 부실'이라는 이유로 재임용 심사에

서 탈락하여 교수직을 박탈당한 경우도 있다.[14]

　우리 사회는 많은 사회적 관계가 혈연, 지연, 학연 등에 의해 맺어지는 '줄의 사회'이다. 사람들은 대체로 같은 집안, 같은 고향, 같은 학교 출신이라는 '줄'에 의해 관계를 맺는 경향이 강하다. 우리나라 사람들은 처음 만나면 먼저 호구조사를 하면서 본관, 고향, 학교 등을 물어보면서 어떤 형태로든 서로를 묶을 수 있는 '줄'을 찾고자 하며, 그런 줄을 통해 사회적 관계를 맺고자 한다. 이렇게 얽혀 있는 사회적 관계에서 줄은 사람들의 말과 행위를 정하는데 있어 커다란 영향력을 발휘한다.

　이처럼 우리 사회에서 줄은 사회생활에 적응하기 위해 매우 중요한 수단으로 작용한다. 줄로 얽혀있는 관계에서 다른 사람들의 말과 행위에 대해 논리적으로 따지고 잘못을 지적하는 것은 유교문화와 맞물려서 예의 없고 방자한 처신으로 간주된다. 이런 줄의 사회에서 다른 사람을 비판한다면, 그 비판이 아무리 합리적이고 객관적이었다고 할지라도 그 사람은 사회생활의 줄을 스스로 끊어버리고 자신을 고립시키는 결과를 초래하게 된다.

　그래서 '줄'로 형성된 우리 사회에서는 사회생활에서 성공하기 위해 "줄을 잘 서야 한다"라는 말이 격언으로 받아들여지고, 어떤 사

---

14) 김민수 교수는 1996년 '서울대학교 개교 50돌 기념 심포지엄'에서 과거 서울대학교 미대 교수들의 친일 행적을 다룬 논문을 발표했다. 그 이후 김 교수는 1998년 7월 교수재임용 심사에서 '연구논문 부실'이라는 이유로 탈락했다. 이에 김 교수는 서울대학교 총장을 상대로 재임용거부 취소소송을 제기하였고, 1심에서 승소했고 2심에서는 각하 판결을 받았으나 대법원에 상고하여 각하 파기 결정을 받아내고, 2005년 1월 서울고등법원의 파기 환송심에서 승소하였다. 그리하여 김 교수는 6년 반의 법적 소송을 통해 2005년 3월 서울대학교 미대 부교수로 복직했다.

람이 집단이나 조직의 중요한 위치에서 쫓겨날 경우에 "줄을 잘못 섰다", "끈 떨어졌다"라고 말한다.

'줄의 사회'에서 합리적인 비판이 자유롭게 이루어진다는 것은 애초부터 어렵다. 줄로 형성된 사회에서 사회적 관계는 혈연, 지연, 학연 이라는 '줄'로 매우 복잡하게 얽혀있기 때문에, 어떤 사람의 말과 행위에 대한 비판은 곧 그 사람과 줄을 맺고 있는 사람들 전체에 대한 비판으로 여겨지기도 한다. 또한 어떤 사람에게 문제가 생기면, 그 사람만 책임지는 것이 아니라 그와 줄을 맺고 있는 사람들이 '줄줄이' 책임을 지는 경우가 많다. 이러한 사회적 관계의 특성 때문에, 우리 사회처럼 줄로 형성된 사회에서 합리적 비판이 공적으로 이루어지기 어렵다.

3. 사회과와 비판적 사고력 교육

앞에서 살펴본 것처럼, 권위주의 정부의 탄압과 유교문화와 줄의 사회로 인해 합리적 비판이 사회적으로 허용되지 못했고, 그에 따라 학교에서 비판적 사고력의 교육도 거의 이루어지지 못했다. 문민정부가 수립되면서 비판적 사고력 교육의 정치적 장해요인은 어느 정도 제거되었다고 할 수 있지만, 여전히 비판적 사고력의 교육을 저해하는 사회·문화적 요인들이 우리 사회에 뿌리 깊게 남아 있다.

그러나 민주사회의 발전을 위해서는 이런 사회·문화적 장벽을 극복하고 비판적 사고력을 직접적으로 가르치는 것이 필요하다. 민주사회와 정보사회는 무엇보다도 비판적 사고력을 갖춘 시민을 요구하기 때문이다. 민주사회는 다양한 개인이나 집단 사이에 수많은 문제들이 발생하기 때문에, 사회문제에 대해 토론하고 해결하는 과정에서 상대방의 주장이나 행위 및 정부의 정책과 제도에 대해 비판하고 견제할 수 있는 시민의 자질을 요구한다. 그리고 정보사회는 세계적인 통신망을 통해 엄청나게 많은 양의 정보가 생산, 유통되고 있기 때문에, 수많은 정보와 지식 중에서 우리에게 필요한 것이 무엇인지를 결정하고, 객관적인 근거에 기초하여 그것의 진실성과 타당성 등을 공정하게 평가하여 활용할 수 있는 시민의 자질을 요구한다.

사회과는 민주사회에서 요구하는 시민의 자질, 즉 시민성(citizenship)을 육성하는 것을 목표로 하고(박상준, 2005: 15-16, 37-40), 사회생활과 관련된 문제와 주제를 직접 다루고 있기 때문에, 다른 어떤 교과보다 비판적 사고력을 가르치는데 적합하다. 하지만 비판적 사고력의 교육은 사회과의 교육과정에서 거의 반영되지 않았고, 사회과 수업에서 거의 가르쳐지지 않았다.

우리나라 교육부는 "사회과가 사회현상을 올바르게 인식하고 사회 지식의 습득과 사회생활에 필요한 기능을 익히며 민주사회 구성원에게 요청되는 가치와 태도를 지님으로써 민주시민으로서의 자질을 육성하는 교과이다"라고 규정하였다. 그리고 사회과의 목표는 "사회현상에 관한 기초적 지식과 능력, 지리, 역사 및 사회과학의 기본 개념과 원리를 발견하고 탐구하는 능력을 익혀, 우리 사회의 특징과 세계의 여러 모습을 종합적으로 이해하며, 다양한 정보를 활용하여 현대사회의 문제를 창의적이고 합리적으로 해결하고 공동 생활에 스스로 참여하는 능력을 기르고, 이를 바탕으로 개인의 발전과 국가, 사회, 인류의 발전에 기여할 수 있는 민주시민의 자질을 기른다"라고 제시하였다(교육부, 1997: 28-30).

사회과교육 학자들은 이론적인 수준에서 비판적 사고력을 사회과의 주요 목표로 제시하고 있지만(Woolever & Scott, 1988: 286-295, 차경수, 1997: 196-202, 김재형, 1997: 425-453, 한면희, 2000, 35-71, 노경주, 2002: 55-73,), 우리나라 사회과 교육과정은 비판적 사고력에 대해 거의 제시하지 않았다. 이것은 아직 사회과교육을 담당하는 대학교수와 교사들이 사회과에서 비판적 사고력의 교육이 얼마나 중요한지를 충분히 인식하지 못했기 때문이다.

사회과의 기본 목적이 학생들로 하여금 상호의존적인 세계에서 민주적이고 다문화적인 사회의 시민으로서 지적이고 합리적인 결정력을 기르도록 도와주는 것이라고 한다면(NCSS, 1994: 3), 그런 합리적 의사결정에서 비판적 사고력은 매우 중요한 역할을 감당한다. 따라서 민주사회에서는 비판적 사고력을 갖춘 시민을 육성하는 것이 요구된다.

그리고 사회과에서 비판적 사고력을 교육한다면, 비판적 사고의 3가지 차원과 사고 기능 및 사고 성향을 모두 고려하여 가르쳐야 한다. 2장에서 제시했듯이, 비판적 사고력은 사고 기능과 사고 성향으로 구성되어 있기 때문에, 어느 한 측면만을 가지고는 비판적 사고력이 지속적으로 작동되기 어렵다. 사람들이 비판적 사고력을 제대로 발휘하기 위해서는 인지적 측면에서 비판적 사고 기능뿐만 아니라 정의적 측면에서 사고 성향을 함께 습득해야 한다. 따라서 비판적 사고력을 신장시키기 위해서는 어떤 대상에 대하여 비판적으로 질문하고 평가하는 방법과 능력을 가르칠 뿐만 아니라 항상 비판적으로 질문하고 평가하려는 태도와 습관을 함께 훈련시켜야 한다. 교실 상황뿐만 아니라 실제 상황에서 비판적 사고력을 지속적으로 발휘하는 시민을 기르기 위해서 사회과는 비판적 사고 기능과 사고 성향을 함께 가르쳐야 한다. 그러므로 사회과의 교육과정은 비판적 사고 기능과 사고 성향을 통합하여 구성해야 한다.

그런데 비판적 사고 기능이 제대로 작동하기 위해서는 비판의 대상에 관한 충분한 정보와 지식, 그것에 기초하여 객관적으로 분석하고 평가하는 인지능력을 필요로 한다. 이런 점에서 학생의 인지능력과 지적 수준을 고려하여 비판적 사고력의 교육은 초·중·고등학교 별로 다른 방식으로 이루어져야 할 것이다. 특히 초등학생은 비판의 대상에 관한 정보와 지식을 충분히 갖지 못하고 그것에 기초하여 평가하는 인지능력이 부족하기 때문에, 성인과 같은 수준에서 비판적 사고 기능을 충분하게 발휘하기는 어렵다.

그렇다고 초등학생에게 비판적 사고력을 가르칠 필요가 없다고 주장하는 것은 아니다. 오히려 초등학생의 경우에 비판적 사고 기능을 제대로 발휘하기에 필요한 조건들을 충분히 갖추지 못했으므로, 비판적 사고 기능보다는 비판적 사고 성향을 습득시키는데 초점을 맞추어야 한다. 비판적 사고력은 한두 번의 수업으로 발달될 수 있는 것이 아니기 때문에, 교사는 수업시간마다 학생들이 비판적으로 사고하는 방법과 태도를 습득하도록 장려해야 한다.

사회과에서 비판적 사고력을 신장시키기 위한 기존 연구에는 한봉희(1991), 김재형(1997), 한면희(2000), 박형준(2003), 이순재(2003) 등의 논문이 있다. 하지만 대부분 중·고등학교에서 비판적 사고력을 신장시키기 위한 교수모형을 일반적 수준에서 제시하고 있으며, 초등학교에서 비판적 사고력을 신장시키기 위한 수업방안에 대해서는 거의 논의하지 않았다. 그래서 필자는 초등학생의 비판적 사고력을 신장시키기 위한 문답식 수업에서 질문법을 중심으로 고찰하고자 한다. 문답식 수업은 교사가 비판적 사고력을 신장시키기 위해 가장 손쉽게 활용할 수 있는 교수방법이기 때문이다.

생각할 문제

1. 외국에서 기존의 비판적 사고력의 교육이 실패한 이유가 무엇인가를 비판적으로 분석해보라.

2. 우리나라에서 비판적 사고력의 교육이 교육과정에 반영되지 않고 학교 현장에서 실시되지 않은 이유가 무엇인가를 비판적으로 분석해보라.

3. 많은 학자들이 비판적 사고력을 사회과의 주요 목표로 제시했지만, 실제로 사회과에서 비판적 사고력이 가르쳐지지 못한 이유가 무엇인가를 비판적으로 분석해보라.

4. 비판적 사고력을 실질적으로 발달시키기 위해서는 철학이나 논리학에서 논리학의 원리와 규칙을 가르쳐야 하는가 또는 특정 교과목에서 구체적인 문제와 주제를 분석하고 평가하는 방식과 절차를 가르쳐야 하는가? 각자 타당한 근거를 들어 논증해보라.

제4장
비판적 사고력의 발달과 문답식 수업

제4장 비판적 사고력의 발달과 문답식 수업

2장에서 살펴본 것처럼, 비판적 사고는 객관적인 근거에 기초하여 자신이나 타인의 진술, 신념, 정보, 지식, 사태, 행위, 정책, 제도 등의 신뢰성, 진실성, 적합성 등을 합리적으로 평가하는 사고 기능과 사고 성향이다. 비판적 사고는 사실적 차원, 논리적 차원, 이념적 차원에서 다양하게 이루어지고, 사고 기능과 사고 성향이 겸비되었을 때 지속적으로 작동될 수 있다.

따라서 교사는 비판적 사고의 3가지 차원을 고려하여 비판적 사고 기능뿐만 아니라 사고 성향을 함께 훈련시켜야 한다. 비판적 사고력을 신장시키기 위한 교수방법에는 문답식 수업, 토론식 수업, 탐구수업, 평가보고서 등 다양한 방법이 있다. 하지만 실제 교실수업에서 비판적 사고력을 가르칠 때, 가장 유용하고 편리하게 사용할 수 있는 교수법은 문답식 수업이다. 다른 교수법을 사용하기 위해서는 교사가 사전에 교과서 내용을 깊이 연구하고 많은 수업자료를 준비해야 하지만, 문답식 수업의 경우에는 교사가 주어진 교과서의 자료를 가지고 쉽게 비판적 사고력을 신장시키는 수업을 진행할 수 있다.

1. 문답식 수업의 의미와 특징

교실수업에서 비판적 사고력을 신장시키기 위해 가장 쉽게 활용할 수 있는 교수법은 문답식 수업이다. 문답식 수업은 교사가 학습내용과 관련하여 비판적 사고력을 신장시키는 질문만 다양하게 만들면, 손쉽게 활용할 수 있는 교수법이다.

그럼에도 불구하고 실제 교실수업에서 가장 많이 사용되는 것은 강의식 수업이다. 강의식 수업은 특별한 준비 없이 교사가 혼자 일방적으로 말하고 학생들은 듣기만 하는 수업이기 때문이다. 강의식 수업은 보통 교사가 일방적으로 설명하는 수업방식이지만, 종종 질문이 사용될 수 있다.[15] 그런데 강의식 수업에서 제기되는 질문들은 주로 학습내용의 기억, 사실의 확인, 설명에 대한 동조, 학습의 이해도 확인 등 단순한 형태의 질문이다. 실제로 경험적인 연구에 따르면, 교사들이 단순한 사실을 확인하는 폐쇄적 질문을 주로 제기함으로써 질문의 본래 목표를 효과적으로 달성하지 못하는 경우가 많다(Banks, 1977: 148).

강의식 수업과 달리, 문답식 수업은 교사의 질문과 학생의 대답을 중심으로 이루어진다. 문답식 수업은 교사가 다양한 수준과 형태의 질문을 제기하고 학생들이 대답하는 대화식 수업방법이다. 문답식 수업에서 교사와 학생은 기존의 주장, 지식, 사태, 현상, 정책,

---

15) 강의식 수업과 문답식 수업은 교사가 질문을 사용했느냐의 여부가 아니라 수업에 활용된 질문 및 대답의 양과 정도 그리고 질문의 수준과 형태에 따라 구별될 수 있다.

제도 등을 그대로 받아들이는 것이 아니라 질문과 대답의 과정을 통해 의문을 제기하고 그것의 신뢰성과 타당성을 분석하고 그 뒤에 놓여있는 가정이나 관념을 평가한다. 이런 질문과 대답의 과정을 통해 학생들은 그것들에 대해 비판적으로 사고하는 기능뿐만 아니라 성향을 습득할 수 있다.

문답식 수업은 강의식 수업보다 학습의 효과를 높이는데 더 많은 장점을 갖고 있다. 문답식 수업은 질문을 통해 학생들에게 학습의 목표와 내용을 분명하게 인식시키고, 학생들이 능동적으로 수업에 참여할 기회를 주고, 교사와 학생이 민주적으로 의사소통 및 토의하게 되고, 그런 과정을 통해 학생이 스스로 어떤 것에 대해 생각하고 문제를 해결하는 능력을 기르는 것을 도와줄 수 있다.

그러나 교사가 질문을 독점하며 우수한 학생에게 대답의 기회가 집중되고, 교사와 학생의 의사소통이 민주적으로 이루어지지 않을 경우에, 문답식 수업의 효과가 달성되기 어렵다. 따라서 문답식 수업에서 교사는 교실을 민주적인 의사소통의 장으로 만들고 수업 분위기를 민주적으로 조성하도록 노력해야 한다. 교사는 교실을 의사소통과 비판이 자유롭게 이루어질 수 있는 공론의 장으로 만들고, 학생들이 자유롭게 질문하고 대답할 수 있는 수업분위기를 만들어야 한다.

문답식 수업의 전통은 소크라테스의 문답법에서 찾을 수 있다. 소크라테스의 문답법에서 질문은 상대방이 자신의 무지를 자각하고 진리 또는 지식을 인식하도록 도와주는 것을 목표로 한다. 소크라테스의 문답법은 크게 반문법과 산파법의 형태로 이루어진다. '반문법'은 어떤 것에 대해 이미 잘 알고 있다고 생각하는 사람에게 질문을 통해 자신이 실제로 그것에 대해 알지 못한다는 사실을 깨닫게 해주는 질문법이다. 이런 무지의 자각이 그것에 대한 호기심을 갖고 적극적으로 탐구하는 데 참여함으로써 참된 지식을 얻기 위한 첫째 단계이다. '산파법'은 반문법에 의해 갖게 된 탐구의 동기와 열정을 새로운 지식의 산출로 나타나게 하는 질문법이다. 산파(産婆)가 임산부의 출산을 도와주는 것처럼, 산파법은 교사가 학생을 도와서 학생 스스로 어떤 진리를 분명하게 인식하고 산출해내도록 만드는 방법이다.

임태평에 의하면, 소크라테스의 문답법은 학생으로 하여금 무의식적 무지의 단계, 의식적 무지의 단계, 합리적 지식의 단계에 이르도록 만드는 변증법적 질문법이다. 소크라테스의 문답법과 지식의 변화 단계를 도식화하면 다음과 같다(임태평, 2000: 124-125):

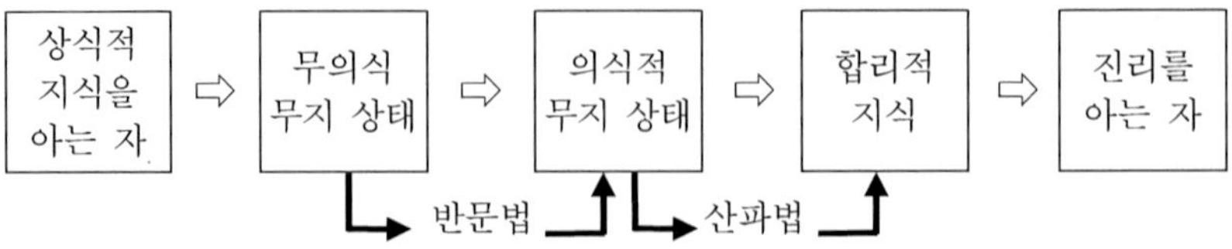

이처럼 소크라테스의 문답법은 주로 무지의 자각과 진리의 인식을 목표로 하기 때문에, 비판적 사고력을 발달시키는데 적합하지 않다. 논의의 목적상 이 책에서는 비판적 사고력을 신장시키는 것을 목표로 하는 문답식 수업에 초점을 맞추어 살펴보고자 한다. 비판적 사고력의 신장을 위한 문답식 수업에서 질문은 특정한 지식의 인식보다는 비판적인 사고 기능과 사고 성향을 획득시키는 것을 목표로 한다.

2. 문답식 수업과 질문의 전략

문답식 수업은 주로 교사의 질문과 학생의 대답으로 진행되기 때문에, 교사가 단순한 형태의 질문이 아니라 다양한 수준과 형태의 질문을 효과적으로 제기하는 것이 중요하다. 문답식 수업의 성패는 질문의 수준과 방법에 달려있다. 그래서 여기서는 문답식 수업에서 비판적 사고력을 향상시키기 위한 효과적인 질문의 방법과 전략을 중심으로 살펴보고자 한다.

문답식 수업에서 비판적 사고력을 신장시키는 효과적인 방법은 교사가 다양한 수준과 형태의 질문을 제기하고 학생은 그 질문에 대해 충분히 생각하고 대답하는 경험을 많이 제공하는 것이다. 다양한 수준과 형태의 질문은 학생의 비판적 사고 기능과 사고 성향을 발달시키는 것을 도와준다. 초등학교에서부터 다양한 수준의 질문과 대답을 자주 경험하면, 학생의 비판적 사고력 – 특히 비판적 사고 성향 – 이 크게 향상될 것이다.

문답식 수업에서 질문은 교사와 학생의 민주적인 의사소통을 돕고 학생의 다양한 사고를 촉진하도록 도와주는 중요한 기법이다. 다양한 수준과 형태의 질문은 학생이 귀를 기울이게 하고 생각을 자극하여 마음을 열게 도와준다. 질문은 상호작용을 조정하고 정보를 얻고 해답을 찾아 스스로 문제를 해결하도록 도와준다(Leeds, 2003: 30-279).

또한 높은 수준의 질문은 학생의 인지적 활동과 사고력, 풍부한 언어 사용능력을 발달시키는데 기여한다. 그래서 많은 학자들이 비판적 사고력을 신장시키기 위해서는 높은 수준의 질문을 해야 한다고 주장했다(Wilen, 1996: 132). 블룸(B. Bloom)과 길포드(J. P. Guildford)가 제시했듯이, 질문은 지식의 영역에서부터 평가의 영역으로 확대하거나 구체적 사고에서부터 추상적 사고 또는 확산적 사고를 요구하는 형태로 제시되는 것이 바람직하다. 특히 비판적 사고력을 신장시키기 위한 질문은 평가와 확산적 사고를 요구하는 형태로 많이 제시되어야 한다. 실제로 경험적인 연구결과에 의하면, 교육내용의 적용, 해석, 분석, 종합, 평가 같은 높은 수준의 질문은 고차원적 사고력을 향상시키는데 효과적인 것으로 드러났다(이광성, 1997: 75-89). 또한 문답식 수업이 강의식 수업보다 학생들의 학업성취도와 사고력을 더 크게 신장시키는 것으로 나타났다(김재섭, 1990: 63-69).

높은 수준의 질문을 할 때, 교사가 기다리는 시간은 학생들의 비판적 사고를 자극하는 중요한 요인이 된다. 따라서 교사는 질문을 던진 후 학생들이 생각하고 대답할 시간을 적어도 10초 이상 주어야 한다. J. T. Dillon(1981), K. G. Tobin과 W. Capie(1982), J. N. Swift와 C. T. Gooding(1987)의 연구에 의하면, 학생 대답의 질은 교사가 질문한 후 기다리는 시간을 3~5초 연장시켰을 때 더욱 향상되었다(이성호, 1999: 202-203, 인용). 이들의 연구결과를 종합하면, 교사가 질문 후 기다리는 시간을 몇 초 더 연장했을 경우에, 학생의 응답의 길이가 증대되었고 자발적으로 응답하는 학생의 수가 증가했으며 학생이 대답에 자신감을 갖게 되었고, 다른 학생의 응답에 대한 대안적인 응답이 증가했고, 반면에 응답에 실패하는 학생의 수가 감소했다. 또한 학생이 교사에게 하는 질문이 증가했으며 응답 후 학생 상호간의 토의가 빈번하게 이루어졌다. 학생이 더 길게 대답하도록 하는 것은 비판적 사고력을 포함하여 고차원적 사고력을 더 향상시키는 것으로 나타났다(Wilen, 1996: 132-133).

　이처럼 비판적 사고를 신장시키기 위한 문답식 수업은 다양한 수준과 형태의 질문 형성, 효과적인 질문의 전략에 의존한다. 문답식 수업에서 질문을 통해 비판적 사고를 신장시키기 위해서는 교사가 여러 가지를 고려하여 다양한 수준과 형태의 질문을 효과적으로 활용해야 한다. 여러 학자들의 의견을 종합하여, 교사가 질문할 때 고려해야 할 사항들을 제시하면 다음과 같다:

〈질문의 고려 사항〉

(1) 다양한 형태와 높은 수준의 질문을 준비했는가?

(2) 낮은 수준의 질문에서 시작해서 보다 높은 수준의 질문을 제기했는가?

(3) 학생의 지적 능력과 배경 지식을 고려해 쉬운 단어로 구체적으로 질문했는가?

(4) 학생이 다양하게 생각할 수 있도록 확산적 질문을 제기했는가?

(5) 질문에 대해 학생이 생각할 시간을 충분히 주었는가?

(6) 학생이 대답하지 않을 경우에 교사 자신이 정답을 말했는가?

(7) 질문에 대답이 없어서 특정 학생을 지명할 때는 10초 이상 기다렸는가?

(8) 교사가 원하는 대답을 유도하고 그와 다른 대답을 무시했는가?

(9) 많은 학생에게 대답할 기회를 부여했는가?

(10) 모든 학생의 대답에 대해 격려하고 칭찬했는가?

(11) 학생이 제시한 대답과 근거에 대해 반성할 수 있는 질문을 다시 제기했는가?

앞에서 지적했듯이 문답식 수업은 다양한 수준과 형태의 질문을 중심으로 진행되기 때문에, 교사가 효과적인 질문의 방법과 전략을 사용하는 것이 매우 중요하다. 그렇다고 문답식 수업에서 교사만 질문해야 하는 것은 아니고, 학생들도 자유롭게 질문하고 또 반론을 제기할 수 있어야 한다. 학생의 자유로운 질문과 대답이 이루어지는 수업은 학생의 수업참여를 높이고 비판적 사고력의 발달을 촉진할 수 있다. 이렇게 교실 분위기가 민주적이어야 문답식 수업이 본래의 의도대로 비판적 사고력을 효과적으로 신장시키는데 기여할 수 있다.

3. 비판적 사고력의 신장과 문답식 수업 모형

비판적으로 사고한다는 것은 어떤 것을 그대로 받아들이지 않고 의문을 제기하고 그것의 신뢰성과 타당성을 분석하고 평가하는 질문을 제기하는 것에서 시작된다. 그렇다면 비판적 사고력을 가르치는 것은 주어진 대상에 대하여 어떤 형태의 질문을 해야 하는가를 가르치는 것과 같다. 비판적 사고는 어떤 것에 대해 무조건 의심하는 질문을 던지는 것이 아니라 객관적인 근거에 의거해 대상을 합리적으로 분석하고 평가하는 질문을 제기하는 것이다.

비판적 사고력을 신장시키기 위한 문답식 수업은 크게 (1) 문제의 인식, (2) 문제의 분석, (3) 문제의 평가 과정을 거쳐 이루어지고, 질문은 비판적 사고의 3가지 차원에서 사고 기능과 사고 성향을 발휘할 수 있는 형태로 제시되어야 한다. 즉, 비판적 사고력의 신장을 위한 질문은 3가지 차원과 관련하여 '사실부분과 가치 부분을 구분하기', '제시된 근거의 타당성을 평가하기', '객관적 근거에 의거해 평가하기', '다른 관점에서 바라보기', '숨겨진 가정과 의도를 찾아내기'의 형태로 만들어야 한다.

(1) 문제의 인식

문답식 수업을 통해 비판적 사고력을 향상시키기 위해서는 먼저 학습내용을 충분히 이해하여 분석·평가해야 할 문제가 무엇인지 파악하는 도입 단계가 필요하다. 이 단계는 비판적 사고의 사실적 차원에 해당되고, 질문은 '비판 대상과 관련된 정보와 사실을 확인하는 형태', '사실부분과 가치부분을 구분하는 형태'로 제시된다.

대부분의 교사가 교과서를 전혀 오류가 없는 경전처럼 가르치고 있다. 그러나 교과서는 특정한 저자의 관점에 의해 쓰인 것이고, 당시의 이론과 사상을 반영하고 있다. 그러하기에 교과서의 내용이 모두 사실은 아니고 더구나 보편타당한 진리도 아니다. 특히 사회교과서의 내용에는 많은 오류가 있다. 그래서 국회, 경제단체, 학자들이 사회교과서의 오류를 지적하고 수정을 요구하는 경우도 종종 발생한다. 사회현상이나 역사는 보는 관점에 따라 다르게 이해될 수 있기 때문에, 어느 한 관점에서 만들어진 교과서의 내용이 모두 진리라고 보기 어렵다.

따라서 교사는 전통적인 방식으로 교과서의 내용을 틀림없는 사실이라고 전제하고 학생들에게 주입해서는 안 된다. 교사는 교과서의 내용을 경전처럼 전달할 것이 아니라 '그것이 정말 사실인가', '제시된 주장과 근거는 타당한가', '어느 관점에서 만들어진 것인가', '어떤 것을 가정하고 있는가' 등에 대해 의문을 제기하고 합리적으로 분석하고 평가하도록 인도해야 한다. 교사는 이런 질문에 대해 학생이 충분히 생각하고 대답할 수 있도록 격려해야 한다.

비판적 사고력을 신장시키기 위한 문답식 수업이라고 해서 처음부터 비판적 사고력과 관련된 질문들만 제기하는 것은 아니다. 어떤 대상에 대한 분석과 평가가 비판적 사고가 되기 위해서는 정확한 사실과 정보, 객관적인 근거에 의하여 지지되어야 한다. 교사는 먼저 학생들에게 비판적 사고의 대상과 관련된 사실들을 충분히 이해시켜야 한다. 교사의 질문에 대한 학생들의 비판적 사고와 대답은 백지상태에서 이루어지는 것이 아니기 때문에, 학생들은 비판의 대상에 관해 충분한 정보와 지식을 파악해야 한다.

따라서 학생들은 학습내용을 미리 조사하여 발표하거나 제시된 자료를 읽고 이해해야 한다. 교사는 학생들이 학습내용에 대해 잘 이해했는지를 확인하기 위해 관련된 질문을 제기한다. 예컨대 동학농민운동에 대해 비판적으로 사고하기 위해서는 먼저 그것에 대해 충분히 이해했는가를 확인하기 위해 다음과 같은 질문이 제기될 수 있다: '동학농민운동이 발생하게 된 사회적 배경은 무엇인가?', '동학교도가 주장한 것은 무엇인가?', '동학교도가 주장한 폐정개혁안이 지닌 의의와 한계는 무엇인가?'

다음에 교사는 학습내용이나 자료에서 사실부분과 가치부분을 구분하기 위한 질문을 제기한다. 예컨대 동학농민운동과 관련된 자료에서 비판적 사고력을 향상시키기 위한 질문은 '최제우의 글에서 사실부분과 가치부분을 구분해보라' 같은 형태로 제시될 수 있다. 이런 사실적 차원의 질문과 대답은 학생들이 주어진 자료를 그대로 수용하는 것이 아니라 '명료성·정확성·공정성을 취하려는 열망'을 갖고 '대상의 원천까지 확인하려는 열정' 같은 비판적 사고 성향을 습득하도록 도와줄 것이다.

(2) 문제의 분석

다양한 질문과 대답을 통해 학습내용이나 자료를 이해하고 사실부분과 가치부분을 구분했다면, 본격적으로 객관적인 근거에 의거해 그것들에 대해 평가하는 것이 필요하다. 이 단계는 비판적 사고의 논리적 차원에 해당되고, 질문은 '제시된 근거의 타당성을 평가하는 형태', '객관적 근거에 의거해 자료를 평가하는 형태'로 제시된다.

어떤 진술, 행위, 사태, 정책 등이 타당한 것으로 인정받기 위해서는 그것을 지지해 줄 보편적인 근거나 원리를 제시해야 한다. 그것들을 뒷받침하기 위해 제시된 근거나 원리가 모두 타당한 것은 아니다. 그러므로 제시된 근거나 원리가 그것들을 지지하기에 적합한지 아닌지를 비판적으로 분석하고 평가해야 한다. 그 다음 일반적으로 인정되는 객관적 근거나 원리에 의거해 그것들의 신뢰성과 타당성을 비판적으로 평가해야 한다.

이 단계에서 질문은 어떤 진술, 행위, 사태, 정책 등이 논리적으로 일관성 있고 타당하게 이루어지는가를 분석하는 형태로 제기된다. 이때 그것들의 일관성과 타당성을 평가하기 위해서 논리적 규칙이나 원리들이 사용될 수 있다. 교사는 제시된 근거의 타당성을 분석하고 객관적 근거에 의거해 진술, 행위, 사태, 정책 등을 평가하는 질문을 제시한다. 예컨대 동학농민운동과 관련된 질문은 '동학교도가 개혁의 이유로 제시한 근거가 타당하고 합리적인지를 평가해보라', '객관적인 근거에 의거해 동학농민운동이 지닌 역사적 의의에 대하여 평가해보라' 같은 형태로 제시될 수 있다. 이런 논리적 차원의 질문과 대답은 학생들이 '증거를 찾으려는 욕구', '모순·비체계적 사고·일관성 없는 기준의 적용에 대한 혐오'와 같은 비판적 사고 성향을 습득하도록 도와줄 것이다.

(3) 문제의 평가

마지막 단계는 비판적 사고의 이념적 차원에 해당되고, 질문은 '다른 관점에서 바라보는 형태', '숨겨진 가정과 의도를 찾아내는 형태'로 제시된다.

사실적 차원에서 어떤 진술, 행위, 사태, 정책 등의 사실 여부를 확인하고, 논리적 차원에서 그것들의 일관성과 타당성을 분석했다면, 이념적 차원에서 그것들 뒤에 놓여있는 관점이나 이념, 사회적 배경, 숨겨진 의도 등을 찾아내고 규범적으로 타당한가를 평가해야 한다. 하나의 진술, 행위, 사태, 정책도 누가 어떤 관점에서 바라보는가에 따라 매우 다르게 이해되기 때문이다.

예컨대 1890년대 전라도 지역에서 발생한 동학농민의 봉기(蜂起)는 당시 왕과 지배계층의 관점에서는 정권과 지배체제를 폭력적 방법으로 전복하려는 '반란'으로 인식되었다. 국사교과서는 이 사건을 초기에 동학농민 '반란'으로 서술하였다가 나중에 동학농민 '운동'으로 변경하였다. 최근에 어떤 역사학자들은 동학농민 '혁명'으로 이해해야 한다고 주장하고 있다. 또한 군사 정권 때에 국사 교과서는 1961년 박정희와 군부세력이 정권을 잡은 사건을 5·16 '혁명'이라고 서술했고, 1980년 전두환 등 신군부 세력에 저항하면서 민주화를 요구했던 사건을 5·18 광주 '항쟁'으로 서술했지만, 문민정부 이후에 각각 5·16 '군사정변'(coup détat)과 광주 '민주화운동'으로 변경되었다. 이처럼 하나의 역사적 사건에 대해 시대가 달라지면서 그리고 누가 어떤 관점에서 접근하는가에 따라 해석이 매우 달라질 수 있다.

따라서 교사는 교과서에 기록된 내용을 경전처럼 학생들에게 주입할 것이 아니라 '다른 관점에서 바라보면 어떻게 해석될 수 있는가', '그것이 가정한 것 또는 의도한 것이 무엇인가'를 평가함으로써 학생들이 비판적으로 받아들일 수 있도록 가르쳐야 할 것이다. 예컨대, 동학농민의 봉기와 관련된 역사를 가르친다면, 교사는 교과서에 서술된 내용을 그대로 주입할 것이 아니라 동학농민의 봉기가 농민 '반란'인지 농민 '운동' 또는 농민 '혁명'인지에 대해 학생들이 객관적인 근거에 의거해 평가하고 비판적으로 결론을 내리도록 가르쳐야 할 것이다.

또한 대부분의 진술이나 정책은 특정한 관념, 이론, 가설을 가정하고 행위나 정책은 특정한 의도와 목적을 달성하기 위해 행해진다. 그런데 진술, 행위, 정책 등이 가정한 것이나 의도한 것은 명시적으로 드러나기보다는 그 뒤에 숨겨져 있는 경우가 많다. 따라서 어떤 진술, 행위, 정책 등을 보다 정확하게 이해하여 평가하려면,

그 뒤에 숨겨진 가정이나 의도를 파악해야 한다. 그 뒤에 숨겨진 가정이나 의도를 파악하지 못하면, 그것들을 정확하게 평가할 수 없다.

그러므로 이 단계에서는 진술, 행위, 사태, 정책 등을 다른 관점에서 바라보고, 그 뒤에 놓여있는 가정이나 의도를 조사하는 것이 필요하다. 교사는 주어진 진술, 행위, 사태, 정책 등이 어떤 관점 또는 이념을 가정하고 있는지, 어떤 사회적 배경에서 주장되었는지를 조사하고 그런 관점이나 이념이 규범적으로 타당한 것으로 승인될 수 있는가를 평가하는 질문을 제시한다. 예컨대 동학농민운동과 관련된 질문은 '기존의 역사적 평가와 다른 관점에서 동학교도의 봉기를 평가해보라', '동학교도가 개혁안을 주장하면서 가정한 것이나 의도한 것이 무엇인지를 찾아보라' 같은 형태로 제시될 수 있다. 이러한 이념적 차원의 질문과 대답은 학생들이 사고 기능뿐만 아니라 자기 이익에 반하지만 진리에 대한 헌신적 태도', '사회적으로 신뢰받고 인정되는 것에 대해 기꺼이 의문을 제기하기', '오랫동안 지속되어온 신념을 기꺼이 버리기'같은 비판적 사고 성향을 습득하는 데 기여할 수 있다.

앞에서 논의했던 비판적 사고의 구조와 질문의 방법을 연결하여, 필자는 비판적 사고력을 신장시키기 위한 문답식 수업의 모형을 다음과 같이 제시할 것이다:

<비판적 사고력의 신장을 위한 문답식 수업모형>

학습 과정	사고 차원	사고 기능	사고 성향	비판적 사고력 신장을 위한 질문법
문제의 인식	사실적 차원	• 사실부분과 가치부분을 구분하기	• 명료성, 정확성, 공정성에 대한 열망 • 대상의 원천까지 확인하려는 열정	• 제시된 자료 내용의 이해를확인하는 질문 • 대상과 관련된 사실과 정보를 확인하는 질문 • 사실부분과 가치부분을 구분하는 질문 〔예〕 • 제시된 자료에서 A와 B는 무엇을 주장하고 있는가? • 동학농민운동이 발생한 사회적 배경은 무엇인가? • 최제우의 글에서 사실부분과 가치부분을 구분하라
문제의 분석	논리적 차원	• 제시된 근거의 타당성을 평가하기 • 객관적 근거에 의거해 평가하기	• 증거를 찾으려는 욕구 • 모순, 비체계적 사고, 일관성 없는 기준의 적용 등에 대한 혐오	• 제시된 근거의 타당성을 평가하는 질문 • 객관적 근거에 의거해 평가하는 질문 〔예〕 • 동학교도가 개혁의 이유로 제시한 근거가 타당하고 합리적인지를 평가하라 • 객관적 근거에 의거해 동학농민 운동이 지닌 역사적 의의에 대하여 평가하라
문제의 평가	이념적 차원	• 다른 관점에서 바라보기 • 숨겨진 가정과 의도를 찾아내기	• 자기 이익에 반하지만 진리에 대한 헌신적 태도 • 사회적으로 신뢰받고 인정되는 것에 대해 기꺼이 의문을 제기하기 • 오랫동안 지속되어 온 신념을 기꺼이 버리기	• 다른 관점에서 바라보는 질문 • 숨겨진 가정과 의도를 찾아내는 질문 〔예〕 • 기존의 역사적 평가와 다른 관점에서 동학교도의 봉기를 평가하라 • 동학교도가 개혁안을 주장하며 가정한 것이나 의도한 것이 무엇인지를 찾아보라

문답식 수업에서 질문을 통해 비판적 사고력을 신장시키기 위해서는 다양한 수준과 형태의 질문을 제기하는 것뿐만 아니라 수업 분위기를 민주적으로 조성하는 것도 중요하다. 교사는 무엇보다도 교실을 민주적인 의사소통과 비판이 자유롭게 이루어질 수 있는 공

론의 장으로 만들어야 한다. 교사는 학생들이 자유롭게 질문하고 대답할 수 있는 개방적인 수업 분위기를 만들고, 가능한 많은 학생들에게 발표할 기회를 균등하게 주고, 자신의 생각을 정리하여 대답할 시간을 충분하게 주어야 한다.

4. 비판적 사고력의 신장을 위한 문답식 수업의 사례

앞에서 지적했듯이 초등학생의 인지능력과 지적 수준을 고려해볼 때, 초등학생이 성인처럼 비판적 사고력을 잘 발휘할 것으로 기대하기 어렵다. 따라서 초등학교에서는 다양한 수준과 형태의 질문과 그에 대해 응답하는 경험을 많이 제공하고, 비판적 사고 기능보다는 사고 성향을 습득시키는 데 초점을 맞추어야 한다. 아래 제시된 사례와 같이, 초등학생들이 비판적 사고의 3가지 차원에서 5가지 사고 기능을 신장시키기 위한 질문에 대해 생각하고 응답하는 학습과정을 몇 년 동안 계속해서 거치면, 어떤 대상에 대해 비판적으로 분석하고 평가하는 사고 기능의 발달은 저조할지 모르지만, 적어도 항상 비판적으로 분석하고 평가하려는 성향을 상당히 습득하게 될 것이다.

초등학교에서 비판적 사고력을 증진시키기 위한 문답식 수업의 사례를 제시하면 다음과 같다:

〈비판적 사고력의 신장을 위한 문답식 수업의 사례1〉

◆ 학년 / 과목: 5학년 2학기 / 사회와 사회과탐구

◆ 단 원: 2. 정보화시대의 생활과 산업, 1) 정보화시대의 생활

◆ 학습목표: 정보화시대에 채팅용어를 사용하는 것에 대해 비판적
으로 평가하는 사고력을 기른다.

◆ **학습자료**: 사회 65쪽 / 사회과탐구 61쪽

(1) 초등학생의 채팅용어 사용에 대한 설문조사

〈**질문**〉 초등학생이 인터넷에서 '방가방가, 하이루, 즐' 같은 채팅용어를 쓰
는 것에 대해 어떻게 생각합니까? 이 물음에 대한 여러분의 찬성 또는 반대
의견을 적어주세요!

〈**설문결과**〉 찬성 96명 / 반대 108명

〈**찬성 측 주장**〉

요즘 인터넷 시대에 채팅용어를 통해 간편하고 빠르게 대화하는 것이 청소
년의 문화입니다. 어른들이 청소년의 문화를 이해하려고 노력하는 태도가 필
요합니다. 채팅용어를 지나치게 사용하는 것은 문제가 있지만, 그것이 언어
파괴라고 하는 것은 너무 심한 말이라고 생각합니다.

〈**반대 측 주장**〉

채팅용어를 모르는 사람들이 많기 때문에 그것을 많이 사용하는 것은 사람
들 사이의 의사소통을 어렵게 합니다. 그리고 채팅용어는 한글 문법에 전혀
맞지 않아 우리말 사용에 혼란을 가져올 것입니다. 따라서 이상한 채팅용어
를 써서는 안 된다고 생각합니다.

(2) 초등학생 모의의회: 통신언어 사용의 자제방안

2005년 6월 경남 거제시 의회 본회의장에서는 국산초등학교 5~6학년 48명이 시의장, 시의원, 방청객 등으로 역할을 나누어 모의의회를 열었다. 이 모의의회에서는 '통신언어 사용의 자제방안'이 상정되어 열띤 토론이 벌어졌다.

박현숙 의원은 단상에 나가 '통신언어는 자신만의 개성을 표현할 수 있기도 하지만, 무분별한 사용은 우리 국어를 우리 손으로 파괴하는 결과를 가져올 수 있다'고 발의했다. 이에 대해 최병권 의원은 '언어는 시대에 따라 변하고, 당시의 사회 흐름을 알려주기도 하기 때문에 사용해도 괜찮다'고 반박했다. 김은비 의원은 '탈락, 축약, 생략 등의 통신언어는 실생활에서도 사용되어 세대간 의사 전달에도 문제가 생긴다'고 주장했다.

의원들 사이에 찬·반의견이 팽팽하게 맞서자 의장이 제안하여 시의원과 방청객이 참여하여 투표로 결정하기로 했다. 투표 결과는 통신언어 사용의 자제에 찬성하는 사람이 25표, 반대하는 사람이 16표, 기권 7표로 나타났다. 이런 투표결과는 많은 초등학생들이 평소 통신언어의 심각성을 잘 알고 있으며, 그래서 통신언어를 사용해서는 안 된다고 생각하고 있음을 보여주는 것이다.

(○○신문 2005. 6. 23.)

◆ 비판적 사고력 신장을 위한 문답법:

학습 과정	사고 차원	교수·학습 과정		비판적 사고력의 관련 요소
		교사의 질문	학생의 대답	
문제의 인식	사실적 차원	1) 초등학생이 인터넷에서 채팅용어를 자주 사용하는 이유가 무엇인지를 말해보세요. 2) 모의의회에서 채팅용어 사용의 자제 안이 제시된 이유가 무엇인지를 말해보세요. 3) 채팅용어 사용의 자제 방안에 대한 모의의회에서 찬·반 의견이 팽팽하게 맞서는 원인이 무엇인지를 찾아보세요. 4) 〈자료 1, 2〉의 찬성 측과 반대 측 주장에서 사실부분과 가치부분을 구분해보세요.	1) 〈자료 1〉을 읽고 자기 경험을 참고하여 채팅용어의 사용 이유에 관해 대답한다. 2) 〈자료 2〉를 읽고 채팅용어 사용의 자제안이 제시된 이유에 관해 대답한다. 3) 〈자료 2〉를 읽고 찬·반 의견이 대립하는 이유를 발표한다. 4) 〈자료 1, 2〉의 찬성 측과 반대 측 주장에서 사실과 가치를 구분해 대답한다.	〔사고 기능〕 ·사실부분과 가치부분을 구분하기 〔사고 성향〕 ·명료성, 정확성, 공정성에 대한 열망 ·대상의 원천까지 확인하려는 열정

학습 과정	사고 차원	교수·학습 과정		비판적 사고력의 관련 요소
		교사의 질문	학생의 대답	
문제의 분석	논리적 차원	1) 찬성 측에서 제시한 근거가 신뢰할만하고 합리적인지를 평가해 보세요. 2) 반대 측에서 제시한 근거가 신뢰할만하고 합리적인지를 평가해 보세요. 3) 객관적인 근거에 의거해 각자 초등학생의 채팅용어 사용에 대해 평가해보세요.	1) 찬성 측이 제시한 근거가 타당한지를 분석해 대답한다. 2) 반대 측이 제시한 근거가 타당한지를 분석해 대답한다. 3) 객관적인 근거에 의거해 초등학생의 채팅용어 사용이 타당한지에 대해 발표한다.	〔사고 기능〕 • 제시된 근거의 타당성을 평가하기 • 객관적 근거에 의거해 평가하기 〔사고 성향〕 • 증거를 찾으려는 욕구 • 모순, 비체계적 사고, 일관성 없는 기준의 적용에 대한 혐오
문제의 평가	이념적 차원	1) 〈자료 1, 2〉에서 제시된 두 가지 의견 이외에 다른 관점에서 초등학생의 채팅용어 사용이 타당한지를 평가해보세요. 2) 〈자료 1, 2〉에서 채팅용어 사용의 찬성 측에서 가정한 것과 의도한 것이 무엇인지를 찾아보세요. 3) 〈자료 1, 2〉에서 채팅용어 사용의 반대 측에서 가정한 것과 의도한 것이 무엇인지를 찾아보세요.	1) 〈자료 1, 2〉에 제시된 관점과 다른 관점에서 채팅용어 사용이 타당한지를 평가해 대답한다. 2) 〈자료 1, 2〉의 찬성 측 주장 뒤에 숨겨진 가정과 의도를 찾아 대답한다. 3) 〈자료 1, 2〉의 반대 측 주장 뒤에 숨겨진 가정과 의도를 찾아 대답한다.	〔사고 기능〕 • 다른 관점에서 바라보기 • 숨겨진 가정과 의도를 찾아내기 〔사고 성향〕 • 자기 이익에 반하지만 진리에 대한 헌신적 태도 • 사회적으로 신뢰받고 인정되는 것에 대해 기꺼이 의문 제기하기 • 오랫동안 지속되어 온 신념 기꺼이 버리기

〈비판적 사고력 신장을 위한 문답식 수업의 사례2〉

◆ 학년 / 과목: 6학년 1학기 / 사회 및 사회과탐구

◆ 단　원: 2. 근대사회로 가는 길, 1) 새로운 사회로의 움직임

◆ 학습목표: 동학농민운동에 대해 비판적으로 평가할 수 있는 사고력을 기른다.

◆ **학습자료**: 사회 78~79쪽 / 사회과탐구 83쪽

　(1) 동학의 창시자 최제우(1823~1864)의 글

> 　여러 도인에게 말씀드립니다. 우리 세상은 너무 혼란스럽습니다. 나라를 다스리는 사람들이 자신의 욕심만 채우고 있습니다. 이제 새로운 세상을 만들어야 합니다. 마음속의 한울님을 섬기십시오. 서학도 하늘의 뜻을 받은 것입니다. 하지만 우리의 풍습을 어지럽히고 있습니다. 우리 고유의 것을 지키기 위해서는 동학을 믿어야 합니다.

　(2) 역사신문 기사: '동학교주 최제우 체포되다'

> 　1863년 11월 경상도를 중심으로 교세를 확장하던 동학의 교주 최제우가 20여명의 제자들과 함께 경주에서 체포되었다. 이듬해에 대구 감영으로 옮겨져 심문을 받고 있다. 이들에게는 세상을 어지럽히고 백성들을 속인 죄가 적용될 것이라 한다. 나라에서는 인내천과 후천개벽 사상을 내세우는 등 사실상 신분제를 부정하고 나라에 도전하는 측면이 있어서 더 이상 내버려둘 수 없어 체포했다고 한다. 현재 동학은 교도 수가 날로 늘어 각 지방에 13개의 접소를 두고 3천여 신도를 거느린 큰 종교 조직으로 성장했다.

(3) 전봉준의 폐정개혁안(1894년)

① 동학교도와 정부는 서정(庶政)에 협력한다.
② 탐관오리를 척결한다.
③ 횡포한 부호를 처벌한다.
④ 불량한 유림(儒林)과 양반을 처벌한다.
⑤ 노비문서를 불태운다.
⑥ 천민에 대한 대우를 개선한다.
⑦ 과부의 재혼을 허락한다.
⑧ 무명잡세(無名雜稅)를 폐지한다.
⑨ 관리 채용에서 인재를 등용하고 문벌을 타파한다.
⑩ 일본과 상통하는 자는 엄벌한다.
⑪공사채(公私債)를 면제한다.
⑫ 토지는 균등하게 분작(分作)한다.

◆ 비판적 사고력 신장을 위한 문답법:

학습 과정	사고 차원	교수 · 학습 과정		비판적 사고력의 관련요소
		교사의 질문	학생의 대답	
문제의 인식	사실적 차원	1) 조선 후기에 동학이 발생하게 된 사회적 배경과 원인이 무엇인지를 찾아보세요. 2) 농민들이 동학을 신봉하게 된 이유가 무엇인지를 말해보세요. 3) 전봉준이 주장한 폐정개혁안이 지닌 의의와 한계가 무엇인지를 말해보세요. 4) 〈자료 1, 2〉에서 사실부분과 가치부분을 구분해보세요.	1) 교과서 및 관련 자료를 읽고 동학의 사회적 배경과 원인에 대해 대답한다. 2) 관련자료 및 배경지식을 통해 조선후기 농민들이 동학을 신봉한 이유를 발표한다. 3) 폐정개혁안을 분석하여 의의와 한계를 발표한다. 4) 〈자료 1, 2〉에서 사실과 가치를 구분해 대답한다.	〔사고 기능〕 • 사실부분과 가치부분을 구분하기 〔사고 성향〕 • 명료성, 정확성, 공정성에 대한 열망 • 대상의 원천까지 확인하려는 열정

학습 과정	사고 차원	교수 · 학습 과정		비판적 사고력의 관련요소
		교사의 질문	학생의 대답	
문제의 분석	논리적 차원	1) 〈자료 1, 3〉의 동학교도가 개혁의 이유로 제시한 근거가 신뢰할만하고 합리적인지를 평가해보세요. 2) 객관적인 근거에 의거해 각자 동학이 혁명인지 반란인지 그리고 역사적 의의가 무엇인지에 대하여 평가해보세요.	1) 〈자료 1, 3〉의 동학교도가 제시한 근거가 타당한지를 분석해 대답한다. 2) 객관적인 근거에 의거해 동학이 혁명인지 반란인지 그리고 역사적 의의에 대해 분석해 대답한다.	〔사고 기능〕 • 제시된 근거의 타당성을 평가하기 • 객관적 근거에 의거해 평가하기 〔사고 성향〕 • 증거를 찾으려는 욕구 • 모순, 비체계적 사고, 일관성 없는 기준의 적용에 대한 혐오
문제의 평가	이념적 차원	1) 기존의 역사적 평가와 다른 관점에서 동학교도의 활동을 평가해보라 2) 〈자료 2〉의 신문기자와 다른 관점에서 동학교도의 활동을 보도하는 기사를 작성해보라. 3) 〈자료 3〉에서 동학교도가 개혁안을 주장하면서 가정한 것과 의도한 것이 무엇인지를 찾아보세요.	1) 기존의 역사적 평가와 다른 관점에서 동학교도의 활동을 평가해 대답한다. 2) 신문기자가 되었다고 가정하고, 다른 관점에서 동학교도의 활동을 보도하는 기사를 작성해 발표한다. 3) 〈자료 3〉에서 동학교도의 개혁안이 가정한 것과 의도한 것을 찾아 대답한다.	〔사고 기능〕 • 다른 관점에서 바라보기 • 숨겨진 가정과 의도를 찾아내기 〔사고 성향〕 • 자기이익에 반하지만 진리에 대한 헌신적 태도 • 사회적으로 신뢰받고 인정되는 것에 대해 기꺼이 의문 제기하기 • 오랫동안 지속되어 온 신념 기꺼이 버리기

5. 문답식 수업의 평가

문답식 수업을 통해 비판적 사고력을 신장시키기 위해서 교사는 사전에 질문을 잘 만들고 효과적으로 질문하고, 학생이 충분히 생각하고 자유롭게 대답할 수 있는 수업 분위기를 만들어야 한다. 그리고 문답식 수업에서 교사는 비판적 사고력을 신장시키기 위한 질문을 효과적으로 제기하고 있는가 그리고 학생은 질문에 적합하게 비판적 사고를 수행하고 있는가를 점검해야 한다.

문답식 수업에서 비판적 사고력을 신장시키기 위한 질문과 대답이 제대로 수행되는가를 평가할 수 있는 기준을 제시하면 다음과 같다.

<교사의 평가 기준>

1. 비판적 사고의 기능과 성향을 함께 발달시키기 위한 질문을 사전에 잘 준비했는가?
2. 수업에서 다양한 수준과 형태의 질문을 순차적으로 제시했는가?
3. 학생의 지적 능력과 배경 지식을 고려해 쉬운 단어로 구체적으로 질문했는가?
4. 학생이 질문에 대해 생각할 시간을 충분히 주었는가?
5. 특정 학생을 지명할 때 10초 이상 기다렸는가?
6. 많은 학생들에게 대답할 기회를 균등하게 부여했는가?
7. 교사가 원하는 대답을 유도하고 그와 다른 대답을 무시했는가?
8. 학생이 대답하지 않을 경우에 교사 자신이 정답을 말했는가?
9. 학생의 대답과 근거 제시에 대해 다시 반성하는 질문을 제시했는가?

〈학생의 평가 기준〉

1. 학생들이 질문의 내용을 잘 이해했는가?

2. 학생들이 질문에 대해 충분히 생각하고 답변했는가?

3. 당연시 되는 교과서의 내용에 대해 반성적으로 의문을 제기했는가?

4. 자료에서 '사실 부분'과 '가치 부분'을 구별했는가?

5. 제시된 근거의 타당성을 객관적으로 평가했는가?

6. 객관적 근거에 의거해 합리적으로 평가했는가?

7. 대상을 다른 관점에서 바라보았는가?

8. 대상 뒤에 숨겨진 가정이나 의도를 찾았는가?

9. 자신의 생각이 지닌 한계를 인정했는가?

10. 보편적 근거나 원리에 의거해 결론을 맺고 자신의 입장을 정당화했는가?

생각할 문제

1. 문답식 수업이 비판적 사고력을 신장시키는데 효과적이라면, 그 이유가 무엇인가를 비판적으로 분석해보라.

2. 높은 수준의 질문이 비판적 사고력을 발달시키는데 효과적이라는 주장과 연구결과에 대해 비판적으로 평가해보라.

3. 필자가 제시한 질문의 고려사항 11가지에 대해 각자 자신의 관점에서 비판적으로 평가해보라.

4. 초등학생에게 비판적 사고를 가르치는 것이 가능하다는 필자의 주장을 비판적으로 평가해보라.

5. 초등학생에게 비판적 사고력을 가르칠 때, 실제적으로 발생할 수 있는 문제점을 교사와 학생의 측면에서 분석해보라.

제5장
비판적 사고력 교육의 정착 방안

제5장 비판적 사고력 교육의 정착 방안

　지금까지 개념, 사고 기능과 사고 성향, 3가지 차원에서 비판적 사고의 구조를 밝혀내고, 비판적 사고력을 효율적으로 발달시키기 위한 문답식 수업모형에 대하여 살펴보았다.

　민주사회는 다양한 사회문제에 대해 대화와 토론을 통해 합리적으로 해결하는 과정에서 상대방의 주장이나 행위 및 정부의 정책과 제도에 대해 객관적으로 비판할 수 있는 시민의 자질을 요구한다. 그리고 정보사회는 대량의 정보와 지식들 중에서 우리에게 필요한 것이 무엇인지를 판단하고, 보편적인 근거에 의거해 그것의 신뢰성과 타당성을 객관적으로 평가하여 활용할 수 있는 시민의 자질을 필요로 한다.

　그래서 오늘날 교육은 단순히 사실이나 지식을 전수하는 것이 아니라 비판적 사고력을 발달시키는 것을 목표로 해야 한다는 점이 강조된다. 최근 많은 교육학자들이 비판적 사고력의 교육이 교육의 핵심 목표가 되어야 한다는 점에 동의하고 있다. 하지만 학자들마다 비판적 사고의 개념을 서로 다르게 정의하고 비판적 사고의 특징과 구성요소에 대해 다양한 견해를 제시함으로써, 비판적 사고력에 대한 연구뿐만 아니라 비판적 사고력의 교육에도 많은 혼란을 초래하였다.

이런 혼란을 해소하고 비판적 사고를 효율적으로 가르치기 위해서는 다른 고차원적 사고력과 구별하고 비판적 사고의 핵심적 특징을 반영할 수 있는 개념 정의가 필요하다. 이런 이유에서 필자는 여러 학자들의 견해를 종합하여 비판적 사고를 "객관적이고 합당한 근거에 의거하여 자신이나 타인의 진술, 신념, 정보, 지식, 사태, 현상, 행위, 정책, 제도 등의 신뢰성, 진실성, 적합성 등을 합리적으로 분석하고 평가하는 사고 기능과 사고 성향이다"라고 정의했다.

비판적 사고와 관련된 혼란을 해소하기 위해서는 개념 정의뿐만 아니라 비판적 사고력의 구성요소에 대해서도 정확하게 밝혀내는 것이 필요하다. 많은 학자들이 비판적 사고를 주로 기능적 측면에서 언어적 자료를 평가하는 '사고 기능'으로 파악하였다.

그러나 비판적 사고력은 단순히 사고 기능만으로 이루어진 것이 아니라 항상 비판적으로 평가하려는 성향이 동시에 갖추어져야 제대로 작동될 수 있다. 비판적 사고력은 인지적 측면의 사고 기능과 정의적 측면의 사고 성향이 통합적으로 구성되어 있다. 비판적 사고 기능은 주로 객관적 근거에 의거해 대상을 분석하고 평가하는 사고의 절차 및 방식과 관련된 능력이다. 반면에 비판적 사고 성향은 어떤 대상에 대하여 항상 비판적으로 분석하고 평가하려는 태도, 습관, 경향성이다.

또한 비판적 사고력은 단순히 진술의 논리적 오류를 분석하고 일관성을 평가하는 것만은 아니다. 어떤 대상에 대한 비판적인 분석과 평가는 다양한 차원에서 이루어질 수 있고 어떤 측면에서 접근하느냐에 따라 달라질 수 있다. 어떤 진술, 행위, 사태, 현상, 정책 등을 합리적으로 분석하고 평가하기 위해서는 그것들이 사실인지를 확인하는 것도 필요하고, 그것들 뒤에 놓여있는 관점이나 이념, 숨겨진 가정을 조사하는 것도 필요하다. 그래서 필자는 사실적 차원, 논리적 차원, 이념적 차원으로 분류하여 비판적 사고가 이루어지는 다양한 차원과 방식을 드러냈다.

이처럼 비판적 사고를 정확하게 이해하기 위해서는 개념, 사고 기능과 사고 성향, 3가지 차원 — 사실적, 논리적, 이념적 차원 — 을 연관시켜서 '구조적 측면'에서 이해해야 한다. 그렇다면 구조적 측면에서 비판적 사고력을 효율적으로 발달시키기 위해서는 어떻게 가르쳐야 하는가?

지금까지 기존의 교육은 비판적 사고력을 언어자료를 평가하는 사고 기능으로 이해하여 학생들에게 논리적 사고방식과 원리를 가르쳐주면 자연적으로 비판적 사고력도 향상될 것이라고 가정했다. 그래서 기존의 비판적 사고력 교육은 구체적인 문제 및 지식과 관계없이 주로 철학이나 논리학 과목에서 추상적인 내용을 중심으로 가르쳐졌다. 이런 교육은 학생의 논리적 사고력을 신장시켰을지 모르지만, 비판적 사고력을 실질적으로 발달시키지 못했다.

그 이유는 비판적 사고력의 특성을 정확하게 파악하지 못했기 때문이다. 비판적 사고력은 사회현상이나 사회문제로부터 동떨어진 철학이나 논리학에서 추상적으로 가르칠 수 있는 것이 아니라 특정한 교과목에서 구체적인 문제 및 지식과 관련하여 가르칠 수 있는 것이다. 사고는 항상 '어떤 것에 대하여' 생각하는 것이고, 비판적 사고는 객관적인 근거에 의거해 어떤 것의 신뢰성, 진실성, 타당성 등을 합리적으로 분석하고 평가하는 사고 기능과 사고 성향이기 때문에, 구체적인 자료가 제시되어야 '그것에 대한' 비판적 사고가 작동할 수 있다.

교사는 특정한 교과목에서 구체적인 내용이나 자료를 제시하고, 그것에 대한 비판적 사고력을 가르쳐야 한다. 비판적 사고력을 신장시키기 위한 교수방법은 다양하지만, 실제로 교실수업에서 비판적 사고력을 가르칠 때 가장 유용하고 쉽게 사용할 수 있는 교수법은 문답식 수업이다.

문답식 수업은 교사가 다양한 수준과 형태의 질문을 제기하고 학생들이 대답하는 대화식 수업방법이다. 문답식 수업에서 교사와 학생은 기존의 주장, 지식, 사태, 현상, 정책, 제도 등을 그대로 받아들이는 것이 아니라 의문을 제기하고 그것의 신뢰성고 타당성을 분석하고 그 뒤에 놓여있는 가정이나 관념을 평가한다. 이런 질문과 대답의 과정을 통해 학생들은 그것들에 대해 비판적으로 사고하는 기능뿐만 아니라 성향을 습득할 수 있다.

문답식 수업은 주로 교사의 질문과 학생의 대답으로 진행되기 때문에, 교사가 단순한 형태의 질문이 아니라 다양한 수준과 형태의 질문을 효과적으로 제기하는 것이 중요하다. 문답식 수업의 성패는 질문의 수준과 방법에 달려있다. 교사는 다양한 수준과 형태의 질문을 제기하고 학생은 그 질문에 대해 충분히 생각하고 대답하는 경험을 많이 제공해야 한다. 다양한 수준과 형태의 질문은 학생의 비판적 사고 기능과 사고 성향을 발달시키는 것을 도와준다. 초등학교에서부터 다양한 수준의 질문과 대답을 자주 경험하면, 학생의 비판적 사고력 ─ 특히 비판적 사고 성향 ─ 이 크게 향상될 것이다.

비판적 사고력을 교육하기 위한 문답식 수업은 크게 (1) 문제의 인식, (2) 문제의 분석, (3) 문제의 평가 과정을 거쳐 이루어진다. 문답식 수업에서 질문은 비판적 사고의 3가지 차원을 고려하여 5가지 사고 기능을 발휘할 수 있는 형태로 제시되어야 한다. 즉, 비판적 사고력의 신장을 위한 질문은 3가지 차원과 관련하여 '사실부분과 가치 부분을 구분하기', '제시된 근거의 타당성을 평가하기', '객관적 근거에 의거해 평가하기', '다른 관점에서 바라보기', '숨겨진 가정과 의도를 찾아내기'의 형태로 만들어야 한다.

문답식 수업에서 비판적 사고력을 효과적으로 신장시키기 위해서는 다양한 수준과 형태의 질문을 제기하는 것뿐만 아니라 수업 분위기를 민주적으로 조성하는 것도 중요하다. 교사는 무엇보다도 교실을 민주적인 의사소통과 비판이 자유롭게 이루어질 수 있는 공론의 장으로 만들어야 한다. 교사는 학생들이 자유롭게 질문하고 대답할 수 있는 개방적인 수업분위기를 만들고, 많은 학생들에게 발표할 기회를 균등하게 주고, 자신의 생각을 정리하여 대답할 시간을 충분하게 주어야 한다.

그러기 위해서 첫째로 교사는 전통적인 지식관과 교과서 위주의 강의식 수업을 전개하려는 경향에서 벗어나서 다양한 수준과 형태의 질문법에 대해 훈련받을 필요가 있다. 둘째로, 교사는 권위주의적인 사고방식과 태도를 버리고 학생과 동등한 입장에서 비판적으로 질문하고 대답하려는 민주적 가치관과 태도를 지녀야 한다. 셋째로, 교사는 비판적 사고를 장려하고 자유로운 질문과 대답이 이루어지는 개방적인 교실문화를 만들어야 한다.

이러한 문답식 수업에서 다양한 수준과 형태의 질문은 학생의 인지적 활동과 사고력, 풍부한 언어 사용능력을 발달시키는 데 기여한다. 경험적인 연구결과에 의하면, 문답식 수업이 강의식 수업보다 학생들의 학업성취도와 사고력을 더 크게 신장시키고, 높은 수준의 질문은 고차원적 사고력을 향상시키는 데 효과적인 것으로 나타났다. 또한 높은 수준의 질문을 할 때, 교사가 기다리는 시간은 학생들의 비판적 사고를 자극하는 중요한 요인이 된다. 따라서 교사는 질문을 던진 후 학생들이 생각하고 대답할 시간을 적어도 10초 이상 주어야 한다. 경험적 연구에 의하면, 학생 대답의 질은 교사가 질문한 후 기다리는 시간을 3~5초 연장시켰을 때 더욱 향상되었다.

그러므로 우리나라 교육과정도 비판적 사고력을 교육의 핵심 목표에 포함시키고, 학교 현장에서 특정 교과목-특히 국어, 사회, 역사, 도덕 등-에서 구체적인 문제와 자료에 대해 비판적으로 사고하는 기능과 성향을 가르치도록 제시해야 할 것이다. 현장 교사가 특정한 교과목에서 비판적 사고력을 가르치기 위해서는 우선 현장 교사들을 재교육하여 비판적 사고력의 구조에 대해 충분히 이해하고, 비판적 사고력을 잘 가르치는 교수방법을 실질적으로 습득하도록 훈련시켜야 한다. 그리고 교육당국이나 학자들은 특정한 교과목에서 구체적인 내용이나 문제에 대해 비판적으로 사고할 수 있도록 '비판적 사고 활동' 프로그램을 개발하여 보급해야 할 것이다.

나아가 비판적 사고력의 교육이 교실수업에서 성공적으로 이루어지기 위해서는 비판적 사고력의 평가가 국가 수준의 학업성취도 평가에서 중요한 부분으로 포함되어야 하고, 대학수학능력시험이나 논술·면접시험 등에 반영되어야 할 것이다. 대학 진학에 모든 교육의 초점과 방향이 맞추어져 있는 우리나라의 교육 풍토에서 평가에 반영되지 않는다면, 비판적 사고력의 교육이 실질적으로 효과를 거두기 어려울 것이다.

생각할 문제

1. 특정 교과목에서 구체적인 교육내용과 관련해 비판적 사고력을 가르치는 것이 필요한지 아닌지에 대해 비판적으로 평가해보라.

2. 우리나라 학교에서 비판적 사고력을 교육하려고 할 때, 어떤 문제를 해결해야 하는가에 대해 교육과정, 교사, 학교문화의 측면에서 분석해보라.

3. 초·중등학생에게 비판적 사고력을 가르치기 위한 효과적인 교수법과 그것의 근거를 제시해보라.

참고문헌

교육부(1997), 사회과 교육과정, 교육부 고시 제1997-15호 (별책7).

교육인적자원부(2001), 사람, 지식, 그리고 도약, 국가인적 자원개발기
　　　본계획.

구정화(2001), '고급사고력 함양을 위한 메타인지 전략', 『지식과 사고:
　　　사회과교육 인식의 전환』, 차경수 교수 정년퇴임기념논문집 발간
　　　위원회, 학문사.

김명숙(2002), '공교육에서의 비판적 사고 교육의 방향과 쟁점점', 철학
　　　연구회, 「철학연구」 제58집.

김영채(1998), 사고력: 이론 개발과 수업, 교육과학사.

김재섭(1990), '문답식 수업형태와 설명식 수업형태가 사고력 신장에
　　　끼치는 효과', 경기대학교 교육대학원 석사논문.

김재형(1997), '사회과 지적 기능 목표로서의 비판적 사고', 한국사회과
　　　교육연구학회, 「사회과교육」, 제30호.

노경주(1994), 'Higher Order Thinking in the Teaching of Social
　　　Studies', 한국사회과교육학회, 「사회와 교육」, 제18집.

노경주(2002), '비판적 사고: 패러다임과 개념', 한국사회과 교육연구학
　　　회, 「사회과교육」, 제41권 1호.

박상준(2005), 사회과교육의 이론과 실제, 교육과학사.

박상준(2006), '비판적 사고력의 신장을 위한 초등 사회과의 질문법에
　　　관한 연구', 한국사회과교육연구학회, 「사회과교육」, 제45권 1호.

박형준(2003), '비판적 사고력 함양을 위한 경제교육의 교수 전략 개
　　　발', 「경제교육연구」, 제10집 2호.

124

성일제 외(1989), 사고 교육의 이론과 실제, 배영사.

이광성(1997), '고급수준질문의 활용정도가 사회과 고급사고력과 학업 성취에 미치는 효과 연구', 서울대학교 대학원 박사논문.

이광성 외(2005), 사회과 의사결정 수업모형 탐구, 양서원.

이명아(1993), '사회과 비판적 사고 모형 개발 연구', 서울대대학원 석사논문.

이성호(1999), 교수방법론, 서울: 학지사.

이순재(2003), '사회과 쟁점중심 수업이 비판적 사고 및 학습태도에 미치는 효과', 서울대 대학원 박사논문.

임태평(2000), 플라톤의 철학과 교육, 교육과학사.

조영달(2001), 한국 중등학교 교실수업의 이해, 교육과학사.

조영달(2005), 제도 공간의 질적 연구 방법론, 교육과학사.

차대운(2003), 21세기 정보사회론, 형설출판사.

차경수(1997), 현대의 사회과교육, 학문사.

최현섭(1991), '학교교육을 통한 민주주의 가치관과 태도의 생활화', 한국미래 연구학회, 「미래의 한국과 세계」 제1권 3호.

최현섭(1994), '사회교과 교육에서의 사고력 신장 방안', 충북대학교 교육개발연구소, 「교육개발연구논총」 제14호.

최현섭, 전득주 외(1992), 현대민주시민교육론, 서울: 평민사.

최현섭, 송대영(2005), 인간행동과 사회환경, 서울: 한국방송 통신대학교출판부.

한면희(2000), '초등사회과에서의 비판적 사고력 신장을 위한 모형 및 범례 자료 개발 연구', 한국사회과교육연구학회, 「사회과교육」, 제33호.

한봉희(1991), '사회과에서 비판적 사고 신장을 위한 연구', 한국사회과교육연구학회, 「사회과교육」, 제24호.

허경철 외(1991), 사고력 신장을 위한 프로그램 개발연구(Ⅴ), 한국교육개발원.

Adler, M. J.(1986), "Why 'Critical Thinking Programs' Won't Work" /유현옥 편역(2000), 「현대교육의 주제와 쟁점」, 서울: 내일을 여는 책.

The American Philosophical Association(1990), "Critical Thinking: A Statement of Expert Consensus for Purposes of Educational Assessment and Instruction", *The Delphi Report*, ERIC Doc. No. 315-423.

Anderson, J. R.(1995), *Cognitive Psychology and Its Implications*/이영애 역(2000), 인지 심리학과 그 응용, 이화여대 출판부.

Banks, J. A.(1977), *Teaching Strategies for the Social Studies: Inquiry, Valuing, and Decision-Making*, 2th ed./최병모 외 공역(1989), 사회과 교수법과 교재 연구, 교육과학사.

Beyer, B. K.(1985), "Critical Thinking: What is it?", in *Social Education*, Vol.49. No.4,

Beyer, B. K.(1988), *Developing a Thinking Skills Program*, Boston: Allyn & Bacon.

Boyer, E. L.(1983), High School: A Report on Secondary *Education in America, N. Y.: Harper & Row.*

Ennis, R. H.(1962), 'A Concept of Critical Thinking', *Harvard Educational Review*, Vol.32, No.1.

Ennis, R. H.(1987), "A Taxonomy of Critical Thinking Dispositions and Abilities", J. B. Baron & R. J. Sternberg, eds., *Teaching Thinking Skills: Theory and Practice*, N. Y.: W. H. Freeman.

Ennis, R. H.(1996), *Critical Thinking*, Upper Saddle River, N. J.: Prentice-Hall.

D'Angelo, E.(1971), *The Teaching of Critical Thinking, Amsterdam:*

B. R. Gruner.

Handerson, K. B.(1972), "The Teaching of Critical Thinking", *Educational Forum*, vol.37.

Hetherington, M. & Parke, R. D.(1986), *Child Psychology: A Contemporary Viewpoint*,3th eds. Singapore: McGraw-Hill Book.

Leeds, D.(2003), *The 7 powers of questions*/노혜숙 역(2003), 질문의 7가지 힘, 더난출판사.

Lipman, M.(2003), *Thinking in Education, 2th ed.*/ 박진환·김혜숙 역(2005), 고차적 사고력, 인간사랑

McPeck, J. E.(1981), *Critical Thinking and Education*, N. Y.: St. Martin's Press/ 박영환·김공하 역(2003), 비판적 사고와 교육, 배영사.

NCSS(1994), *Curriculum Standards for Social Studies Education: Expectations of Excellence*, Washington, D.C.

Nelson, J. L. & Michaelis, J. U.(1980), *Secondary Social Studies Instruction, Curriculum, Evaluation*, Englewood Cliffs :Prentice-Hall Inc.

Paul, R. W.(1987), "Dialogical Thinking: Critical Thought essential to the Acquisition of Rational Knowledge and Practice", J. B. Baron & R. J. Sternberg, eds., *Teaching Thinking Skills: Theory and Practice*, N. Y.: W. H. Freeman.

Pitcher, R. T. & Soden, R.(2000), "Critical Thinking in Education: A Review", *Educational Research*, vol.42 no.3.

Siegel, H.(1988), *Educating reason: Rationality, Critical Thinking and Education*, N. Y.: Routledge.

Wilen, W. W.(1996), "Thinking Skills Instruction in Social Studies Classrooms", B. G. Massialas & R. F. Allen, *Critical Issues in*

Teaching Social Studies K-12, Belmont: Wadsworth Pub. Co.

Woolever, R. M & Scott K. P.(1988), *Active Learning in Social Studies Promoting Cognitive and Social Growth*, Glenview, Ⅲ.: Scott, Foresman and Co.

[바]

[사]

· 저 자 ·

박 상 준   · 약 력 ·
(朴 相 準)   서울대학교 대학원 사회교육과를 졸업하였고(교육학 박사),
강원대, 춘천교대, 명지대 교육대학원에서 가르쳤고,
한국초등사회과교육학회 총무이사(2005~2006),
한국사회과교육학회 섭외이사(2006~2007)로 활동 중이고,
현재 전주교육대학교 사회교육과에 재직 중이다.

· 주요 논저 ·
『사회과교육의 이론과 실제』
법교육, 인권교육, 사회과교육 관련 논문을 다수 발표.
논문은 저자의 블로그(kr.blog.yahoo.com/psj1968)를 참조.

비판적 사고와 문답식 수업

· 초판 인쇄 | 2006년 8월 31일
· 초판 발행 | 2006년 8월 31일

· 지 은 이 | 박상준
· 펴 낸 이 | 채종준
· 펴 낸 곳 | 한국학술정보㈜
경기도 파주시 교하읍 문발리 526-2
파주출판문화정보산업단지
전화 031) 908-3181(대표) · 팩스 031) 908-3189
홈페이지 http://www.kstudy.com
e-mail(출판사업부) publish@kstudy.com
· 등   록 | 제일산-115호(2000. 6. 19)
· 가   격 | 19,000원

ISBN 89-534-5558-8 93370 (Paper Book)
      89-534-5559-6 98370 (e-Book)